实用主义社会学
经典译丛

L'ÉCOLE
DES HAUTES
ÉTUDES EN
SCIENCES
SOCIALES

实用主义社会学导论

Cyril Lemieux

[法] 西里尔·勒米厄 著

刘文玲 译

La traduction de cet ouvrage a fait l'objet d'un soutien de l'École des hautes études en sciences sociales
本书的翻译获法国社会科学高等研究院的资助

中央编译出版社
Central Compilation & Translation Press

© Editions La Découverte, Paris, 2018 – Simplified Chinese edition arranged through Dakai L'agence

图字号：01-2024-2967

图书在版编目（CIP）数据

实用主义社会学导论 ／ （法）西里尔·勒米厄著；刘文玲译. -- 北京：中央编译出版社，2025.6.
ISBN 978-7-5117-4933-8

Ⅰ．C91

中国国家版本馆CIP数据核字第2025E1K068号

实用主义社会学导论

责任编辑	郑永杰
责任印制	李　颖
出版发行	中央编译出版社
网　　址	www.cctpcm.com
地　　址	北京市海淀区北四环西路69号（100080）
电　　话	（010）55627391（总编室）　（010）55625174（编辑室）（010）55627320（发行部）　（010）55627377（新技术部）
经　　销	全国新华书店
印　　刷	廊坊昌能印刷有限公司
开　　本	787毫米×1092毫米　1/32
字　　数	93千字
印　　张	6
版　　次	2025年6月第1版
印　　次	2025年6月第1次印刷
定　　价	88.00元

新浪微博：@中央编译出版社　微　信：中央编译出版社（ID: cctphome）
淘宝店铺：中央编译出版社直销店（http://shop108367160.taobao.com）
　　　　　（010）55627331

本社常年法律顾问：北京市吴栾赵阎律师事务所律师　闫军　梁勤
凡有印装质量问题，本社负责调换。电话：（010）55627320

译者序

二十世纪八十年代，法国社会学界逐渐出现一些新的思想，试图打破长期以来由布尔迪厄的社会再生产理论和雷蒙·布东的方法论个人主义争议所主导的社会学研究格局，开辟一条新的社会学研究道路，形成一种新的社会学立场。学者们在各个领域展开经验性调查：从工厂到宗教团体，从学校机构到艺术世界，从学术讨论到政治金融丑闻，从信息媒体到医疗领域的改革，从卫生安全风险到环境危机等。他们以新的视角新的方法对传统社会学研究对象进行重新考察，同时将以往所忽略的对象，比如音乐爱好者的行为，社会活动中非人类的存在等，也作为一个完整的社会现象进行研究。在此过程中，学者们吸收了美国学界的各种思想和研究方法，比如互动主义、常人方法论、情景行为理论以及后来被称为实用主义的美国哲学传统，他们将其统一为一项新的社会学立场，体现了一个共同方向，即重新评估情景限制所产生的影响，关注社会秩序的去自然化现象。这就是现在所形成的实用主义社会学。在这一学科的发展过程中，有两条研究方法奠定了这一学科方向的主要框架：一是以米歇尔·卡隆和布鲁诺·拉图尔为代表的科学技术人类学；另一条是以吕克·波尔坦斯基和劳伦·泰弗诺为代表的行动方式社会学。

拉图尔的科学技术人类学在实用主义社会学的兴起过程中起到关键作用。拉图尔生于1947年，是法国著名的社会学家、人类学家、神学家和科学哲学家，曾被《纽约时报》杂志誉为"法国最著名也是最不被理解的法国哲学家"。出于对人类学和哲学的兴趣，拉图尔最初的研究是对美国圣地亚哥索尔克生物研究所神经内分泌学的一个实验室进

·译者序·

行民族志调查。① 他发现传统科学方法中那种朴实的描写方法与实验的实际情况不符,一项理论或者一件新产品的成功与否不仅仅依赖实验的结果,还需要考虑其他相关因素,如物质的和非物质的,相关人类行动者和行动元(如非人类物质)。因此提出,科学研究对象在实验室中以社会的方式构建,通过各种测量工具和专家的解释才得以存在,科学行为如同一个庞大的信仰、转译和特殊文化实践体系。正是通过这种对科学技术民族志的研究,他与其他学者一起开创了新的社会学研究方法。

二十世纪八十年代末,拉图尔与巴黎矿业学院的社会创新研究中心(Centre de sociologie de l'innovation)的一些法国学者,尤其是米歇尔·卡隆和玛德琳娜·阿克里奇等人,共同提出了行动者网络理论,又称转译社会学理论(sociologie de la traduction)。与法国传统的社会学理论不同的是,这种方法不仅关注对人的分析,而且还关注物(即非人类的参与者)以及话语分析。它借用法国语言学家

---

① Bruno Latour & Steve Woolgar, *Laboratory Life: the Social Construction of Scientific Facts*, Beverly Hills, Sage Publications, 1979.

实用主义社会学导论

和符号学家格雷马斯的符号学概念,将进入符号过程中的所有本体实质皆称为"行动者"或者"行动元",以构建一个适合于所有人文科学研究的蓝图。实用主义社会学深受格雷马斯的符号学思想影响,其核心概念"检验"(épreuve)的思想就是受格雷马斯符号学的行动元模式启发。在神话故事中,主人公的各种角色在不同类型的考验过程(资格考验、重大考验、荣誉考验①)进行分配,从而实现角色转换。故实用主义社会学又被称为"检验社会学"(sociologie des épreuves)。此外,"语法""情景""不确定性"等概念都可以在格雷马斯符号学中找到其思想根源。格雷马斯符号学强调了理论与实践的结合,并将文化对象的描写作为其理论与方法发展的优先方向。他强调符号学研究是一个动态的非固定的理论,应该不断地为人类科学提供新的模式和概念,这些都与实用主义社会学的概念和原则极为

---

① 在符号学领域,张智庭将"épreuve"一词译为"考验"。这里我们沿用了他的译法。见 A. J. 格雷玛斯、J. 库尔泰斯:《符号学:言语活动理论的系统思考词典》,怀宇译,百花文艺出版社 2020 年版,第 119 页。

·译者序·

相似。实用主义社会学经过三十多年的发展，已在各种学科领域展开经验性调查，涉及社会生活的各个方面。从某种角度说，实用主义社会学延续并实现了格雷马斯的符号学蓝图，即以结构主义语用学为基础，展开所有人文科学的分析研究。①

在法国兴起的这股实用主义社会学思潮同样也引起中国学者的关注。2019年5月，清华大学中法社科研究中心以及北京师范大学社会学院共同举办了首届法国实用主义社会学研讨会，并对实用主义社会学中出现的术语进行了一定的规范。然而，学者们并未对这一学科的命名提出质疑，似乎自然而然地接受了"实用主义社会学"这个名称。从法文名称"sociologie pragmatique"来看，它的确与中国学界在二十世纪初所接受的、由美国实用主义哲学家约翰·杜威带来的实用主义思想的名称"pragmatism"非常相近。在这种思想主导下，此次讨论会讨论的基础是实用主义社会学在中国的实践与学术

---

① Thomas F. Broden, « La sémiotique greimassienne et la sémiotique peircienne: visées, principes et théories du signe», in *Estudos semioticos*, vol. 10, n° 2, 2014, p. 1–16.

实用主义社会学导论

发展的"再度关注"。会议回顾了"实用主义在中国的一百年间的往复",似乎实用主义社会学就是实用主义哲学在社会中的实践,而没有深入思考实用主义社会学在法国的兴起背景及其学科内涵。

实用主义社会学是在法国兴起的独特思想产物,它既有法国传统社会学的历史,又有美国实用主义哲学思想内涵。但法国早期实用主义社会学学者的研究并不是从美国实用主义哲学思想获得启发的,而是根据语用学的方法建立"行为与判断的实效性",其主要思想来源是涂尔干及韦伯社会学思想,还有现象学和科学社会学。正如本书作者勒米厄所指出的,两种思想的碰撞和融合是在世纪之交才发生的。

因此,我们在翻译这部导论时,存在第一个问题就是这一学科名称的翻译问题。到底应该如何翻译"sociologie pragmatique",才能在中文表述上体现这一学科的独特性?是用京派学者默认的"实用主义社会学",还是其他,例如"实用社会学"或者"实践社会学",以区别美国的实用主义哲学?因为"pragmatique"的法文词汇中包含了实践与实用的意义。

· 译者序 ·

首先，我们是否应该将其翻译成"实践社会学"？显然，实用主义社会学关注的是行动者的实践活动，是一门关于社会实践的社会学。然而，我们并不能因此就说实用主义社会学就是"实践社会学"（sociologie pratique）。学者黄宗智曾从"实践理论"的角度来阐释"实践社会科学"的研究进路，"即从实践出发来检视和重释旧理论或创建新理论，而后再返回实践中去检验"。① 在这种研究进路中，作者所指的"实践社会科学"中的"实践"（pratique）是对布尔迪厄实践理论的批判，构成作者"多年来倡议的'实践社会科学'研究进路的理论思维"②。尽管这种研究路径和思维超越主客观二维对立，关注到行动者行为的客观条件和主观抉择的共同因素，强调了经验与理论的结合，尤其强调了中西方文明与文化传统的差异，但这种研究路径是建立在对布尔迪厄的"实践"概念的批判基础上，

---

① 黄宗智：《实践理论与中国研究：法学与社会科学》，载《开放时代》2023 年第 1 期。
② 黄宗智：《实践理论与中国研究：法学与社会科学》，载《开放时代》2023 年第 1 期。

实用主义社会学导论

只是实用主义社会学的一个方面，却无法体现并包含这门学科的全部原则和方法。

实际上，我们也承认，实用主义社会学包含了涂尔干的实践理论，与贸易、科学、经济、传播等领域的整体实践研究建立了密切而牢固的联系。但这门学科不仅仅只建立在这一实践理论基础之上，它同时还关注实用主义哲学思想，关注研究社会生活中人的信仰和动机的其他习惯性观念，比如哈罗德·加芬克尔的常人方法学。正如勒米厄所言："实用主义社会学具有双重关照，它既关照经验材料的生产又关注理论的概念化过程，而且，它强调二者不可分离。"在实用主义社会学诞生初期，受美国互动主义、戈夫曼社会学以及常人方法学的影响，考虑到这门学科的双重关注，即行为发生的情景和矛盾冲突的影响，当时的法国学者在考虑命名时曾提出一个新的概念："épreuve"（检验），成为这门学科的研究基础。因此，或许我们可以称之为"检验社会学"（sociologie des épreuves）。然而，我们在后面会发现，"épreuve"这个法语单词本身也包含多重意义，其中文翻译同样存在诸多争议。

· 译者序 ·

勒米厄在本书第一章特别强调了法国实用主义社会学与美国实用主义哲学思想之间的区别:"实用主义社会学希望做的是社会学,而不是哲学思考,它是在经验—概念主义的原则中体现自我存在价值。"为与美国的实用主义哲学思想相区别,我们曾想过使用"实用社会学"来翻译,然而,有学者认为,"实用"二字在中文表述中具有过于"功利化"的意思。① 尽管实用主义社会学强调行动的实效性和利益目的,但却不是一门完全"实用"性学科,它同时强调经验—概念主义原则,以实证经验为基础对现有社会学理论进行反思。因此,我们还是放弃了"实用社会学"的译法,保留了"实用主义社会学"的中文名称。因为,翻译的目的是让读者在自己已有的知识体系中寻找原语言所传递的信息的定位,以便于其理解和吸收。鉴于美国的实用主义哲学思想已为中国学界所接受,而且实用主义社会学也的确与实用主义哲学有关联(即使是间接联系),所以,在本著作中我们统一采用"实用主义社会学"

---

① 比如法国社会学家(Isabelle Thireau)在指导博士论文时就曾对"实用社会学"的名称提出异议。

的译法，而"实用主义哲学"则指美国的实用主义思想（如皮尔士、詹姆斯、米德及杜威等人）。

尽管如此，读者在阅读"实用主义社会学"时仍需要注意两种差异，即一个双重界限：

一是法国社会学与美国社会学差异：实用主义社会学是法国社会学思潮，而不是美国社会学思潮。实用主义社会学不是在法国简单地引进在美国诞生的实用主义思想概念，而是勒米厄在其论述中所强调的，它是美国社会学的某些传统（象征主义互动主义、戈夫曼社会学、常人方法学等）与法国社会学传统（涂尔干、布尔迪厄等）相交融的结果。因此产生了一些新型概念，既不属于美国的社会学传统，也不属于法国社会学传统，而只属于这种交融相汇的思想，即本书第二章所介绍的概念，如检验、行为方式、社会机制、上升为普遍性等。

二是社会学与哲学差异：实用主义社会学属于社会学思想，而不是像美国实用主义那样属于哲学思想。实用主义社会学家认为，社会学相对于哲学而言具有一定的自主性，两门学科不应该相互混淆。因此，实用主义社会学不应该像一些学者所认为的

·译者序·

那样，是实用主义哲学思想在社会各领域的实践，因为实用主义社会学有其独立自主的经验性调查方法，其目的是从社会学的角度对世界生活展开调查，这与实用主义哲学思想家想要从哲学角度理解世界的方法不同。而社会学如果需要借用哲学概念或者哲学推理路径的话，就必须付出一定的代价，也就是在社会学调查推理中努力重新转译哲学概念和理性。这也就是勒米厄强调在对待社会学和哲学关系问题上的皈依主义思想。①

其次，前文提到实用主义社会学兴起之时提出一个关键性概念"épreuve"，作为该学科的研究基础。法语"épreuve"这个词无论在英文还是在中文的翻译中都很难找到其精确的译文，因为这个词本身具有多重含义。

在法语中，"épreuve"首先指某件事或某个人通过测试、实验来检验其质量或素质。比如说明一件物体的时候，我们可以检验或测试某一材料的韧性和牢固性（将材料置于某种压力、温度使其变形

---

① Cyril Lemieux, "Philosophie et sociologie: le prix du passage", in *Sociologie*, vol. 3, 2012/2, p. 199–209.

以检验它是否牢固);当说到人的时候,检验不仅包括物理层面的检测,还包括个人的精神心理素质的考验,比如他经受住诱惑的考验。同时,这个词还包括延伸含义,比如可以用于表达学校考试(épreuve scolaire)和体育测试或竞赛(épreuve sportive)。从实际意义上说,学校考试和体育竞赛也是在评估参与者的能力和素质。英语表述相对比较简单,可以用"test"来表示。在这一层含义中,"épreuve"代表的是一种通过数值或者通过实验进行评估的检测手段,中文的对应词汇就很多,如测试、检验等。

"épreuve"的第二层含义是一个抽象的概念,往往与时间有关,指的是某种关键时刻,或者是某种困难时刻,某种需要超越、跨越的时刻,在这种时刻,人们身处逆境,遭遇不幸或挑战。比如,法国人经常会说,"他经受了人生中众多挑战(épreuves dans la vie)",意思是说在他的一生中,遭遇很多挑战,经历了很多困难的时刻,有时也会说"失去亲人是一种痛苦的经历(cruelle épreuve)",或者"他的朋友没有在他困难的时候(dans l'épreuve)放弃

· 译者序 ·

他"。这些表述,有挑战、考验的意思,同时更是在表达某一特殊的引起变化的时间点。

最后,"épreuve"这个词也含有身体上的"体验"或者"感受"之意。这尤其是指与人面对另一个人或者一个事物时的感觉,比如感受某个人的同情之心(éprouver de la sympathie),面对某一状况感到害怕(éprouver de la peur)。

实用主义社会学使用"épreuve"这个多义词,在其理论和原则中实际上包括了多重理念。出于接受的考虑,也是出于对"épreuve"所对应的汉语词汇高度贴合度的考虑,我们认为,"考验"只是强调主体人的行为,因为根据《辞海》的解释,"考验"是"通过具体事件、行动或困难环境来检验是否坚定、忠诚或正确",在这层含义中没有体现对非人类物体的验证。而"体验"则是"亲自处于某种环境而产生认识",是单方面的价值获取。因此,我们遵循目前学界约定俗成的译法,将其译为"检验"。但我们不应该忘记"épreuve"在实用主义社会学中所包含的多层意思。首先它遵循实用主义社会学的经验—概念主义原则,行动者质疑某一对象的性能或者品质，从而要对此进行验证或检测。因为当物体（或人）在被置于检验测试之前，人们无法确定一个材料的物理性能或者一个人的精神心理素质，只有通过检验测试后才能表现其真正性能和素质。为此，勒米厄将"épreuve"解释为"任何一种状况，比如行动者体会到社会秩序的不稳定性，甚至感受到对现实的疑虑，这些都是检验"，也就是行动者对物体、其他人甚至自己的"真正实际"性能或素质产生怀疑而需要进行验证。

除了这种具象的物理性检验和评估外，"épreuve"还包含与时间相关的抽象概念。实用主义社会学发现，改变一个人的某种事物或者某段时间会留下痕迹，这种痕迹不仅能够持续地改变人们的态度或行为，而且也会改变人们与他者之间的关系，以及他人与经历过这种考验的人所维持的那种关系，这也就是涂尔干所说的个体的社会和职业整合机制。通过"épreuve"这个概念，行动者与他者形成了一个动态的不断发展变化的关系或者网络。

最后，在实用主义社会学概念当中，这种"体验"不是抽象的或脱离肉体不具象的。相反，

译者序

它与个体身体联系在一起,具有"具身性"。鉴于"épreuve"的多重含义,我们在翻译的时候,会根据具体内容调整我们的用词,有时会使用"考验"或"验证"来代替"体验"的表述。

从实用主义社会学的基本概念我们可以看到,这门科学是复合多元化的社会学,还远未形成一个独立明确的学科体系和理论。而且,从本质上说,这也不是这门学科的目标,因为实用主义社会学就是一门"正在构建"的社会学,是一项"不断发展"的集体性工作,不断创新变化才是这门学科的真正价值所在。希望我们的翻译工作,能够让中国学者更多了解这门新兴学科的基本概念和原则基础,以结合中国的实践,为实用主义社会学的发展提供更多的实践和思想资源。

刘文玲
2023 年仲秋夜于成都

目录

导　论 …………………………………… **001**

第一章　原则 …………………………… **005**
　经验—概念主义 ………………………… **006**
　反身性 …………………………………… **010**
　反还原论 ………………………………… **015**
　能力 ……………………………………… **018**
　内部主义 ………………………………… **022**
　反本质主义 ……………………………… **025**

抵抗 ………………………………… 031
对称性 ……………………………… 034
多元性 ……………………………… 038
相对不确定性 ……………………… 042

第二章 概念 ……………………… 046
实践的另一种观念 ………………… 046
冲突的另一种方法 ………………… 058
社会的另一个视角 ………………… 071

第三章 方法 ……………………… 081
走近社会世界 ……………………… 081
更好地理解/更好地自我理解 …… 090
不要从应该结束的地方开始 ……… 098

第四章 研究领域 ………………… 107
劳动 ………………………………… 108
经济 ………………………………… 112
政府 ………………………………… 115
社会运动 …………………………… 119

环境与风险 …………………… **123**
卫生 …………………………… **127**
艺术与文化 …………………… **131**
大众传媒 ……………………… **135**

第五章　争议 …………………… **140**
社会不平等性 ………………… **141**
统治与暴力 …………………… **143**
无意识 ………………………… **145**
相对主义 ……………………… **148**
无历史主义 …………………… **150**

结　论 …………………………… **154**

参考文献 ………………………… **159**

导 论

二十世纪八十年代中期在法国社会学界出现了一种新的思想，一些思考社会世界的新方法。有些社会学家开始考察科学技术世界，研究那些推动科学技术发展的讨论，或者那些关于科学技术界与非专业人士之间的讨论。还有一些社会学家不再使用统计方法，而是开始思考建立统计方法基础的类别是如何产生的，思考这一生产过程与社会的某些政治观点之间的关系；另外还有一些社会学家关注机构和企业日常生活中的批判行为，并将其作为一个完整的研究对象。这些学者尽管没有一致的研究规划，但经常会有讨论和交流，具有共同的信仰，那就是认为法国社会学早已自封于雷蒙·布东（Raymond Boudon）的方法论个人主义与皮埃尔·布尔迪厄（Pierre Bourdieu）的社会再生产理论的相互交替之中，触及极限，是时候建构其他理论了。正是为了建立其他学说，这些学者才开始行动起来。

在这项探索性工作中，其主要思想起初来源于美国的一些思潮，但在那个时期尚未为法国学者所熟知，比如互动理论、戈夫曼社会学、常人方法论，其中也包括科学研究（science studies）以及语用学（pramatique linguistique），语用学在他们共同研究方法命名中起了决定性作用。这些不同的思想潮流被调动起来，用于规划一项新的社会学立场，它们具有一个共同点，即重新评估情景限制所产生的影响，同时，它们也关注社会秩序的去自然化影响，其中各种分歧和争论在每位参与其中的活动者看来都是这些影响的反映。不久，基于对情景和矛盾影响的双重关注，一个概念形成了，即检验（épreuve）。这个概念成为新的社会学观念的基石。在二十世纪九十年代初，当这种新社会学观开始正式确立的时候，人们本想将其命名为"检验社会学"（sociologie des

导 论

épreuves)。最后，它被冠以另一个标签，即本书的书名"实用主义社会学"。

这段历史至今已有三十多年了，目前我们将要讨论的问题是实用主义社会学。首先我们要讨论实用主义社会学建立的原则，这需要从社会学传统中寻找它们的立足点（第一章）；接着，我们将要考察实用主义社会学家们在他们的调查研究过程中所提出的一些主要概念，这些概念更新了行动、冲突以及社会理念（第二章）；同时我们试图明确阐述他们所使用的方法的特殊性（第三章）；他们的经验性研究引起各个领域的创新和变化，我们将对此做一个概述（第四章）；最后，我们将阐述实用主义社会学的发展所引起的以及将会引起的讨论（第五章）。在结论当中，我们将总结一下如今这门社会学的一些新发展方向。

布尔迪厄的合作者、法国国家统计局（Insee）的统计学家和关注科学技术研究的人类学家，在二十世纪八十年代的时候，他们年龄大多四十多岁，都在思考一些相同的问题：所谓的"实用主义社会学"（sociologie pragmatique）是如何崛起的？关于这个群体的机构性特殊配置,也许有一天我们会留给社会科学的历史学家来研究。同时,我们也让他们去分析这股新生的社会学思潮如何在法国社会科学高等研究院(EHESS)和巴黎矿业学院(École des mines de Paris)找到避风港和国际网络,得到庇护,得以发展,因为这项研究工作,无论如何,都超出了本书的范畴。

第一章　原则

属于这类社会学的研究在不同程度上遵循着它的基本原则（我们梳理了十项）。在这一章，我们通过梳理这些原则试图勾勒出实用主义社会学的早期面貌。尽管这些原则相互融合构成一种社会学研究方法，其创新性特征似乎少有争议，然而，我们不得不承认，它们中的每一条原则，就其本身来看，完全不具有任何新意。因此，在接下来的文字中，我们会强调实用主义社会学与这一学科其他传统思想，比如互动理论、常人方法论、涂尔干思想，甚至包括结构主义思想和韦伯社会学思想之间深层的连续性。

经验—概念主义

无论是对"无事实的理论"还是对"无理论的事实研究",我们都需要谨慎对待。这是法国著名的涂尔干派社会学家弗朗索瓦·西米昂(François Simiand)的话。这句话总结了奠定法国社会学基础的经验—概念主义态度。对此,实用主义社会学持全面支持的态度。根据这种态度,社会学借助一些早已验证过的方法,要求生产或收集社会上可以详述从经验上看有理由的话语材料,比如统计数字、访谈、观察、档案或其他类型的材料。从这个角度看,在方法论上由经验主导的过程被视为一种基本标准,这种标准不仅用以区别社会学与评论或一些对社会及其发展变化的反思,而且用于理解社会科学哲学、社会理论以及社会学思想史视角下构成社会特性的事物。

但是,尽管经验性基础是必要的,但这还不够。

第一章 原则

西米昂的话强调了第二个观点:如果不借助理论概念框架是无法做社会学的。因此,即便在社会调查中那些最具有归纳性的方法中,最终还是需要利用概念才能实现从对现实主题的简单阐述到对主题的社会学分析的过渡。因此,出现了划分社会学的第二个标准,即数据的社会学概念化。如果没有这种概念化过程,所谓的社会学论述就不存在,将社会学与新闻报道、文学叙事甚至行政报告区别开的界限就会变得模糊不清。

正如皮埃尔·布尔迪厄、让-克洛德·尚博勒东(Jean-Claude Chamboredon)以及让-克洛德·帕斯隆(Jean-Claude Passeron)在他们的著作《社会学家的职业》[Bourdieu et al., 1968]① 中指出的,自人们承认社会学作为一门经验—概念型学科起,社会学就不断地面对两个阵营的斗争:一是反对那些企图将其简化成思辨思维活动的人,此时,重要的是当理论不再面对任何真正的经验材料的挑战,而只是要应对"量身定制"

---

① 所有中括号里的文献详情请参阅书后参考文献。

的案例的时候，需要揭露"滥用理论权力"的现象；另一个是反对持相反意见的人，他们认为社会学家的工作仅仅是走向田野收集素材就好了，因此应该进行一种"超经验主义的批判"，重申"调和经验研究与理论"的目标。实用主义社会学同时继承了法国和美国的传统：从涂尔干到布尔迪厄，法国传统一直维护的是这种经验—概念主义信条；而美国传统，自芝加哥学派到常人方法论，从未放弃要求发展恰当的概念，肯定了经验调查不可逾越的特性。因此，实用主义社会学具有双重关照，它既关照经验材料的生产又关注理论的概念化过程，而且，它强调二者不可分离。事实上，在近三十年当中，这门社会学不仅形成了分析概念的多样性，而且以密不可分的形式完成了涉及所有研究领域——本书第四章将对此作一概述——的多种观察研究。同时，它为观察研究提供了一些新的方法途径，第三章将对这一点进行阐述。

实用主义社会学与（哲学）实用主义

人们往往将实用主义社会学与十九世纪末在美国发展起来的"实用主义"哲学思潮联系起来，后者是由查尔斯·皮尔士、威廉·詹姆斯和约翰·杜威等人推动兴起的。这种关联促使人们讨论哲学意义上的实用主义（pragmatiste）社会学。然而，应该强调的是，在二十世纪八十年代，当实用主义社会学创立时期，在支持实用主义社会学的学者中，没有人运用这些实用主义哲学家的研究工作。究其根本原因，是他们还不熟悉美国的实用主义哲学。同时，他们的研究目的不是在社会学当中付诸实施哲学实用主义，而是通过仿效语用学建立一种"行为和判断的实效性"。2000年初期，实用主义哲学在法国得以承认，正因如此，当（哲学）实用主义的基本观念与实用主义社会学的观点相交融时，这就不足为奇了，因为互动主义直接受（哲学）实用主义影响，因此认为互动主义曾是实用主义社会学的灵感来源，这也并不是什么神秘之事。如此，环环相扣，就此完成。

> 然而，在本书当中，我们还是注意不要将实用主义社会学完全封闭于此环当中。一个简单的原因就是：实用主义社会学希望做的是社会学，而不是哲学思考，它是在经验—概念主义的原则中体现自我存在价值。观察研究是根据经过社会科学验证的方法展开的，因此，它在这门学科中起着不可替代的关键性作用。同时，直接将那些想要以哲学方法理解世界而不是以社会学方法对世界进行调查的思想家的方法加入实用主义社会学基本方法上，这是不正确的。因此，我们要提醒读者，我们并非秉持合并社会学和哲学的态度。然而，还需明确的是，我们也没有主张两个学科之间彼此的差异，只是希望承认，只有在保持彼此特殊性和不可化约性的条件下，两者才能实现互补。

反身性

实用主义社会学第二个关键原则在于认为，将社会学家与其研究对象联系起来的东西应该整合到

第一章 原则

对客体的分析当中去。根据这一原则,社会学家不应与其所研究的社会现象保持某种外在性的关系。相反,他们应该努力去鉴别将他们自己与社会现象结合在一起的那种联系。传统上,涂尔干学派一直坚持这种反身性要求。在涂尔干学派传统中,这一思想是通过双重要求表现出来的:它要求研究人员"打破先天观念",视研究现象为"物",不仅要尝试与对现象产生的本能的判断保持距离,而且尤其要尝试将这种本能的判断转化成客体中应该研究的一个方面[Durkheim, 1895]。七十年之后,布尔迪厄等人在《社会学家的职业》一书中再次重申了这种反身性要求,强调社会学家意识到他们看待研究对象本能的方式的重要性,这种方式既源于他们的社会出身又源于他们在科学领域中的地位[Bourdieu *et al.*, 1968]。作者还强调,社会学家应该学会将他们的"社会性根基"对其分析产生的影响客观化。重要的是:"社会学的社会学",也就是社会学研究领域中社会学具体功能分析应该是"知识论反思的一项先决条件"。

实用主义社会学将这种反身性要求作为自己的要求。但是,它遵循这种要求的方式依赖于不同的社会学传统，其中主要的一个传统就是哈罗德·加芬克尔的"常人方法学"（又称常人方法论或俗民方法论）[Harold Garfinkel, 1967]。在二十世纪六十年代美国出现的这股思潮当中，社会学反身性不再强调识别将研究者与其研究对象本能地联系在一起的社会情感和信仰来源，而是在于分析"常人方法"，也就是说在其社群中共同分享的方法。这些方法可以让研究者客观地阐述其研究对象，或者更全面地说，可以使研究对象"肉眼可见地理性化"。然而，有些事物，比如"阶级构成""社会标准"是肉眼不可见的，社会学家如何将这些事物描写成如同真实一般？这种反身性思考本身就以其自己的方式开启了"社会学的社会学"，阐明社会学具有述行性效果——比如，当人们讨论"工人阶级"或"未成年人犯罪"时，并不是简单地描述这些本身存在的客体，而是"实际完成"了他们的客观性态度。"常人方法学"同样也说明，社会学家使用常人方法将他们可描述的对象描写得如同实在事物一样，"看起来具有合理性"，但这些常人方法没有任何特殊性，相反，它们却是非社会学家所使用的方法。因此，这些人也可以被称为社会学家——无论他们是"业余的"还是"专业的"。最后，这一思潮还强调这样一个事实，即反身性在被视为专业社会学的产物之前应该被视为社会行为和常识认知的一种特性。

社会学反身性的这种方法为实用主义社会学提供了灵感。沿着常人方法学的基本方向，一些实用主义社会学家坚持社会学，或者更广泛地说，社会科学"塑造"了它们所研究的现实。因此，米歇尔·卡隆分析了经济学家对"市场"机制的贡献——这就意味着市场被视为一种集体成就，而不是按照经济学家的方式将其视为一种已定事物［Michel Callon, 1998］。正如卡隆所述，分析一个社会客体，无论它是什么，其实就是生产一些可以改变它的陈述，而这些陈述可以由相关行为者或者其他行为者使用。从这一点看，社会学相对于它所描写的社会世界来说不享有任何"超越领域的特权"。因此，社会学产物改变社会的方式应该成为社会调查本身的研究对象。

另外一些实用主义社会学家从常人方法学中获取另一条线索：这条线索不是让人将社会学反身性

实用主义社会学导论

与常识分开（根据布尔迪厄、尚博勒东和帕斯隆提出的普遍模型，1968年），而是进一步加强日常社会活动中的反身性，即首先承认反身性是日常社会活动的特性，同时对这种社会反身性进行再反思，即二次反思。所以，吕克·波尔坦斯基建议，他主张的"批判社会学"（sociologie de la critique）为布尔迪厄的"批判性社会学"（sociologie critique）提供了一种反身性补充层次［Luc Boltanski，1990］。[1] 与"批判性社会学"相反的是，"批判社会学"承认常人具有反思和批判能力，而不是否认和低估这些能力。另外，"批判社会学"既然承认了常人的这种能力，也就将普通社会学（包括布尔迪厄的社会学）开展批判性活动的方法视为社会分析的对象。

---

[1] 二十世纪九十年代，吕克·波尔坦斯基等人提出的"批判社会学"认为布尔迪厄的"批判性社会学"概念缺乏一定的反身性，因此，需要对批判本身进行研究，将"批判性社会学"作为社会学研究的客体来看待，提出了"批判社会学"（sociologie de la critique），因此也可以说是对"批判性社会学"的批判分析研究。为区别两种思想观点，我们将吕克·波尔坦斯基等人提出的思想翻译成"批判社会学"，而将布尔迪厄的思想翻译成"批判性社会学"。在当今的法国思想界，人们已经不太对两种说法作过多的区别。——译者注

同时，这种方法阐明了社会学话语深层的批判性行为，它结合了一种与常人方法学完全不同的观点，那就是由经济学家阿尔伯特·赫希曼（Albert Hirschman）提出的观点。他致力研究某些普遍被视为中性的社会学概念的缘起，虽然这些概念具有浓厚的批判性含义，比如利益、逆反效果等［Hirschman，1977；1991］。我们需要明确的是，无论是赫希曼的观点还是实用主义社会学家的观点，挖掘隐藏在社会学话语和概念背后的标准化，这项研究的目的并不是要根除标准化，因为确定这样的目标缺乏反身性，会让人认为取消社会学的批判层面可能也是人们所期望的。而我们所追求的目的完全相反：社会学家的目的是要阐明，他们所实践的社会学无论以何种方式进行必然与对社会世界的批判保持一定的关系。

反还原论

社会分析应该破除"X 仅是 Y 而已"这种说法。这就是实用主义社会学另一个重要原则所规定的事，我们称之为"反化约论或反还原论"。反还原论的社

实用主义社会学导论

会学家认为,制度、社会情景和行动逻辑应该通过不能将其化约成其他类型的制度、社会情景和行动逻辑的东西来考虑。这就是涂尔干所持有的态度[Durkheim, 1893],这种态度不仅涉及社会事实与个体心理现象之间的关系——涂尔干认为,社会事实应该被视为无法化约为个体心理现象的一种特殊现实——而且还涉及无法将社会关系简化成契约关系的可能性——因为,一切并不都是"合同契约规定"。正是遵循涂尔干的思想,一些实用主义学者明确指出,行为者所表现出来的"正义"的意思应该被视为一种无法还原成利益和策略意思的现象[Boltanski & Thévenot, 1991]。承认这种不可化约性意味着社会学家为自己提供了可以切实明确地(positivement)阐明行动者行为的分析方法。行动者通过这些行为提出控诉和批判、为自己辩护——在这里,"切实明确地"意味着拒绝将这些行为还原成其他行为,比如个人利益最大化或者制定某种策略等被认为是"隐藏的""无意识"的行为。因此,当一名行动者开始公开揭露一件丑闻时,在实用主义社会学家看来,其意义不是开始表明说:这个个体其实是遵循某一策略,或者在维护个人利益,而是要阐明公开揭露一件丑闻这种特殊的社会行为独特的约束力,明确这些约束力与其他社会行为,比如策划一种策略或者计较个人利益等社会行为特有的约束力之间的区别［Boltanski,1984］。

其他实用主义社会学家根据加布里埃尔·塔尔德(Gabriel Tarde)的社会学传统肯定了反还原论原则的重要性。从他们的观点来看,社会生活应该被视为人类实体和非人类实体之间相互动态结合链条上的产物［Callon,1986］。因此,正如团体和机构永远无法还原成构成它们的实体一样,任何一个实体都无法还原成它所参与的团体或者机构。归根到底,要求社会学家在面对自己研究对象时采取反还原论态度的是(包括非人类)社会性原则。因为将一种实体还原成另一种实体(比如,将这名警员还原成他的警服)、还原成一个团体(比如,将这名警员还原成警察)或者还原成一个由不同实体构成的团体(比如,将警察还原成它的警员、制服、武器、车辆等),这些都否认了社会性的特征,而作为相联链条上的事实,只有采取关系方式才能对社会性加以正确考察［Latour, 2005］。

反还原论应该被视为一种对当代社会学某些主导倾向的批判态度。因此，在波尔坦斯基和泰弗诺的研究中，"认真对待"行动者正义的含义，而不是将其还原为策略和利益的含义明显反映了反还原论思想，这种态度引导人们反对近十几年来蔓延在社会学思想中的功利主义词汇所占据的主导地位［Caillé, 1989］。同样，在卡隆和拉图尔的研究中，联合的力量是在团体和机构中存在的，基本上是异质性的，也就是说，相互之间不可化约，正是通过证明这一点才体现了反还原论思想。这种思想与很多社会学家的普遍倾向，如物化团体和机构权力，只去感受它们的表面力量的倾向相左［Latour, 1984］。

能力

实用主义社会学的第四个原则是我们称之为能力的原则。这意味着研究者应该假设他们所研究的所有社会因素都具备某些能力，当它们还没有在某

第一章 原则

种情景下发挥作用时,它们是不为人知的,它们是变化发展的。在这些能力当中,评估他者和自我能力很重要。因此,实用主义社会学不仅关注个体向他人和自己展现他们能够做的和不能做的事情的方式,而且关注这些能力和无能力如何被社会评估,具有怎样的实践结果。因此,能力原则是反对一般思想(有时也包括社会学家)将无能力自然化的方法。一方面,这一原则要求研究者不仅考察人们平常所认为的缺乏能力的人,比如残疾人、病人[Callon & Rabeharisoa, 1999a] 或者孩童 [Garnier, 1995],他们能够做什么,同时以更加激进的方式强调非人类的能力对于人类来说不失为担心和质疑的持续来源 [Callon, 1986; Rémy, 2009]。另一方面,这一原则打破了那些将行为和反身性对立起来、优先以消极性和惰性的视角考察行动者——尤其是那些在社会中最受支配的人——的社会学观念。实用主义社会学家从美国的互动主义和常人方法学传统中获得灵感,同时在法国社会学中提出一项重要的新变革。他们遵循安塞尔姆·斯特劳斯 [Strauss, 1959]、欧文·戈夫曼 [Goffman, 1959] 以及哈罗德·加芬克尔［Garfinkel，1967］的思想，支持社会行动者具有以创造性的方式考察环境、调解推理和改变观念的能力。研究者不应该认为行动者只是将计划内在化后再予以机械地实施，而是应该努力将其视为在具体情景下以积极的方式发挥互动能力表现，同时有能力修正自己判断的人。关于这一点，加芬克尔曾说过一句著名的话，指出社会行动者不是塔尔科特·帕森斯（Talcott Parsons，1902—1979）结构功能主义理论所说的"判断的白痴"（judgemental dopes）。然而，应该强调的一点是，尽管常人方法学不承认行动者是被内在化的编码所遥控的机器人，它也没有因此认为他们脱离了所有社群依赖。相反，就像加芬克尔在《常人方法学研究》一书的第五章分析变性人阿格尼丝（Agnès）这一事例所阐明的那样，常人方法学所强调的能力这一概念——甚至称社会行动者为"能力成员"——指的是技能具有必然的社会性，通过这些技能，每个个体在他者眼中就像他们中的某一成员一样是可描述的，或者相反，无法产生可描述性［Garfinkel，1967］。正是在这个意义上，我们可以说，能力原

第一章 原则

则使实用主义社会学重建行动者充分而完整的能动性（agentivité）——这样可以与受结构功能主义和结构主义思想深刻影响的社会学分离开——但并不因此将能动性变成一种外在于社会关系的因素，一种可以不依赖社会关系而加以考虑的因素。

通过能力（capacité）这一概念，或者通过其近似含义的权能（compétence）概念强迫自己描写行动者的行为，这让人们考虑这样一个事实，即在日常生活中，人们可以有规律地通过行动的合作者所指出的失败、错误、过失来鉴别无能力和无权能。这种方法可以更新自涂尔干［Durkheim, 1893］以来社会学的一个中心议题，即个体的社会与职业融合机制这一议题。根据能力原则，这些问题可以通过以下形式再次被提出：在一个家庭、团体、企业、宗教团体、社区或者朋友圈，人们是通过什么程序被认可为一个具有社会和技能适应能力的人？或者相反，被认为是不具有成为团体成员必要权能的人，从而被阻止加入或者排斥在外的？在这里，实用主义社会学明确了检验（épreuve）这个概念的重要性，在下一章节我们会对这一概念进行重点阐述：

社会和职业的归属性之所以通过持续的活力（强化或弱化）表现出其特征，那是因为这些归属性不是一次性固定下来的，而是在检验过程中持续活动，就像霍华德·贝克所研究的大麻吸食初学者那样［Becker, 1963］，个体在检验过程中向其合作者展现或者无法成功展现他们对某些身体技能或者某些语言编码的掌握。

内部主义

实用主义社会学的第五个原则，我们称之为"内部主义"，可以通过以下的规定来表现：社会学家应该跟随工作中的行动者来描述他们所遇到的情景特征，而不是将他们与这些情景的外在特征对立起来。"追随行动者"：实用主义社会学的这句象征性口号与社会学中的互动主义传统遥相呼应，尤其与"跟踪"（tracking）的民族志方法相呼应，后者在于如影随形地跟随被研究的行动者，深入他们的社会世界——黑帮、妓女酒吧或者非法移民网络当中。威廉·托马斯（William Thomas）提出的"情景定义"是这种民族志方法不可缺少的要素。托马斯和兹那涅茨基在那项关于芝加哥波兰农民移民的宏伟研究中,没有从外部,也就是说以可利用的行政数据为基础描写移民的境况;而是关注被调查者的社会世界内部,以此来理解移民描述他们所处境况的方式。两位社会学家早已明白,个体在物质条件和平等地位类似的境况下可以有所变化,以一种完全不同,甚至相反的方式来生活,那是因为他们对境况的界定不同。从社会学家的角度看,他们没有将对情景定义的差异归因于个体心理状态,而是归因于相互关联的联系以及他们是否获益的社会融合过程。

实用主义社会学采用这种方法,赋予"追随行动者"这句口号双重含义:一方面,尽可能使用民族志的一些方法跟踪面对多种情景(比如多少是公开的情景)的行动者;另一方面,严肃对待行动者自己对重要性和真实性的规定。第二重含义与威廉·托马斯那条著名的行动准则相呼应:"如果人们把情景界定为真实的,那么它们在结果上也就是真实的。"这一表述方式被视为"托马斯定理",

它的意思就是，假如一个群体的成员将某些生命视为生来就是低等的，那么无论研究人员如何判断这种信仰是令人无法容忍的而且缺乏科学基础，结果都不重要。重要的是他要懂得分析定义这种情景的实际结果——比如，相关群体成员认为他们中的一名成员与被认为低等的生命有接触是不合适的。

因此，内部主义原则在实用主义社会学和社会学的综合理解传统（尤其以马克斯·韦伯的作品为代表）之间建立了一座桥梁。实际上，两者的愿望都是将对行动者展开行动和判断的理性、理解放在研究者研究的首位，这当然不是放弃对行动理性的批判，对其构成的解释，而是将这些任务视为"技术手段的次要任务"——我们在第三章将对此加以阐释。一方面是作为首要方法论对行为和判断的理解，另一方面是社会学技术手段的次要任务（解释、预测、批判），两者之间存在必然的衔接，而恰恰是忽略这一衔接才能够引导我们在内部主义原则当中发现通往相对主义的大门——这既是实用主义社会学问题又是韦伯思想社会学问题。然而，事实上并非如此，因为"跟随行动者"不是以自身为目的，而是一种更好阐释社会现象、打开"内部批判"视野的方法［Lemieux，2000；Moreau de Bellaing，2016］。

反本质主义

反本质主义在于拒绝承认事物的本质先于存在而存在。因此，我们并不认为，苹果的本质先于这棵苹果树上正在生长的苹果，正是这个正在成长的苹果和我们早有经验的其他苹果使我们构想苹果的普遍性本质。实用主义社会学家们认为，对于社会事实也是同样的道理：是国家、女性或者工人阶级的经验性表现让人设想这些不同现象的本质性东西。作为互动主义和常人方法学的社会学传统"大梁"，反本质主义从美国实用主义哲学思想汲取养分，后者将反本质主义作为它反对大陆哲学的主要斗争武器。这场斗争尤其使我们想起威廉·詹姆斯（William James）的断言："真实存在的不是物，而是正在形成的物。"从这个角度看，物理和社会世界不应该被视为固定的、稳定不变的——尽管在某些情况下会产生这种印象——而是应该将其视为在系统性地运动和形成。这不仅要联系一切现实，认为它并没有完成创造，它一直在形成或者在解体的过程当中，而且要将我们物化物理和社会世界的倾向——换句话说，我们倾向于将事件、运动或者流通转变成静止的物（res）——变成分析对象和批判目标。

这种哲学态度就是互动主义的关键，它是通过互动主义研究者赋予过程思想的中心性表现出来的。因此，在我们前面提到的关于芝加哥波兰移民的研究中，托马斯和兹那涅茨基的创新点就在于他们尽力视移民身份为"正在形成"的身份，也就是一个没有尽头的鉴别过程。正由于这个原因，他们强烈反对当时笼罩在美国的一种话语，即在于将美国人和波兰人固化在某些具有决定性的本质东西上，认为波兰人永远不可能成为"真正的"美国人，在美国永远不会将美国人的文化因素融入他们的民族文化当中。通过这一案例，我们可以考量反本质主义的批判力量，安塞尔姆·斯特劳斯在写下"这不是自然而然的不变性，而是变化"这句话时，他已经完美地总结了这一反本质主义观念。通过这句话，斯特劳斯强调了社会学大纲，正如互动主义者们所构想的那样，不是要考察所谓稳定的事物（社会秩序、个人身份等）如何发生变化，而恰恰相反，是要研究那些永恒发展变动的事物（社会秩序、个人身份等）是通过何种社会机制变成稍微稳定事物的。

常人方法学所采取的态度更加激进。二十世纪五十年代，哈罗德·加芬克尔发表了一篇关于身份地位降级仪式的文章，引起很大反响，自此加芬克尔为人所知。在该文中，加芬克尔指出本质的概念（比如仪式的本质）绝不是一个科学概念。因此，社会学家的任务不是研究所谓的社会现象的本质，而是分析社会行动者在他们活动的社会物理世界中将其本质化的能力［Garfinkel, 1956］。十年之后，他在《常人方法学研究》的序言中明确总结了这种反本质主义的态度，他几乎逐字逐句地借用了威廉·詹姆斯的表述："与涂尔干的某些论点相反，社会学的核心对象不是研究物，而是研究作为日常生活中共同商议活动持续完成的物。"[Garfinkel, 1967]——詹姆斯的话是：研究"正在形成的物"。加芬克尔曾经被要求确定变性人阿格尼丝是否应该被视为"真正的"女人，而正是在将这一态度付诸文字时，加芬克尔将女性的本质问题转移到作为持续完成的女性问题进行回复。他指出阿格尼丝是一个"在实践中完成她的女性可描述性"（accountability）的人，也就是说，她确确实实地将自己变成对别人来说可以描述的女人。

反本质主义是实用主义社会学为自己展开的争论，因此，对于所有实用主义社会学家来说，将他们着手研究的现实与"正在形成"或者"进行中"的表述联系起来，已经变成一种本能的反应。在米歇尔·卡隆和布鲁诺·拉图尔的研究中，社会学反对本质主义和物化的争论要求人们不得不将科学生产的真理视为运动中的事物，在这个运动过程中，科学家及其同盟者关注的是真理的生产和对真理的认可，而不是它们是如何一下子被固定下来并被社会所接受的[Latour, 1987]。而且，这场争论让人考虑这样一个事实：今天被人们普遍接受、少有争

· 第一章 原则 ·

议的科学真理,将来也许有一天不会由于自己本身的力量为人所接受,它们为了能够作为真理存在,必须声称是行动者实际完成的客体——另外,这就意味着,这些科学真理继续享有现存的一些可以让行动者进行检验的配置。反本质主义的争议同时也源于二十世纪八十年代初经济学家劳伦·泰弗诺(Laurent Thévenot)、统计学家阿兰·戴斯罗杰尔斯(Alain Desrosières)以及社会学家吕克·波尔坦斯基(Luc Boltanski)思想上的亲密接触,正是由于这些思想,在随后的几年中实用主义社会学一个重要的分支诞生了。这些学者有一个共同的愿望,就是反对物化标准经济学和管理当中常见的社会职业范畴。他们的宗旨是观察社会群体,将其视为正在形成的实体,而不再是预先存在的或者最终完成的现实。这就促使他们在分析社会现实的某些类别时,认为重要的因素不是被分类的实体本身,而是通过某些判断活动和某些已经建立起来的机制获取的东西[Boltanski, 1982; Desrosières & Thévenot, 1988]。

法美学者的融汇

实用主义社会学是一种非常法国化的知识产品——但这绝不是说它不能出口到国外。这种说法似乎听起来有些矛盾,因为这种社会学以其对美国思潮的持续关注而著称。然而,这种关注从未表现为一种奴性的复制——否则,就谈不上"实用主义社会学",而只是法国人实践的互动主义、戈夫曼社会学和常人方法学了。然而,对于实用主义社会学家来说,根本意义在于与法国主流社会学建立批判关系并从中重新提出一些方法措施,在这种背景下,这一知识产品便通过有关思想的系统性再阐释表现出来。虽然对美国思想的继承是基本的,但这并不是为了继承而继承,也不是继承其原来的思想,因为这种继承是重新思考有时与其对立的法国社会学知识论和理论基础的杠杆。法美思想这种独特的融会贯通方式解释了为什么实用主义社会学看起来并不是一件创新性事物。当实用主义社会学穿越大西洋时,一些学者立刻在这门学科中找到了他们所熟知的论点。令他们感到更加困惑的是,这些论点与其他他们所不熟知的论点融合在一起,因为这些论点来自法国社会学传统——尤其是涂尔干、结构主义以及布尔迪厄的社会学传统。

· 第一章　原则 ·

抵抗

在现代社会科学中,反本质主义的态度主要是通过彼得·伯格(Peter Berger)和托马斯·卢克曼(Thomas Luckmann)的著名论著《现实的社会建构》表达出来的[Berger & Luckmann, 1966]。因此,正如我们前面提到,由于实用主义社会学极力反对社会世界的物化行为,它常常被视为社会学建构主义方法的典范,这一点并不奇怪。然而,有一点需要明确的是,实用主义社会学汲取的建构主义,即我们称之为"反思"的东西,与当今自称现实的社会构建思想的大多数社会学思潮的"普通"建构主义形式是不同的[Lemieux, 2012]。明确这一点与实用主义社会学家坚持的、我们这里所说的抵抗原则的重要性有关。我们这里的意思是,研究者在其社会现象分析当中应该考虑世界物质性面对人类行为和话语的抵抗性。

我们可以想象一下,尽管您将近退休年龄,您还表示自己依然保持"年轻"。普通建构主义者不无道理地提醒说，年轻与老年之间的界限在所有社会中都是斗争的关键，年龄的划分应该被视为社会构成。从这个角度看，个人企图将自己定义成一个"依然相当年轻"的人这种有效性（或者无效性）并不源于生物学原因，而是归于其所处的社会中规定老年定义的主导性标准。在这一方面，反思建构主义者更深入了一步，因为他们将抵抗原则纳入自己的考察当中。可以想象一下，尽管您自称"年轻"，但您在上楼梯时加重了喘息，在工作会议期间越来越容易打瞌睡；尽管您在使用化妆品，但您脸上的皱纹依然在加深，变得越来越多。对于反思建构主义者来说，这是体验性问题——关于这个问题，我们在下一章加以阐述——也就是说真实定义（我还年轻）和世界物质性（我的身体状况）之间相互关系的问题，在这里，身体的物质性变化为已建立的量值提供了一个外在观察点，从这一点开始，行动者可以质疑并重新思考已建立的量值［Boltanski，2004］。因此也就产生这样一些现象，比如，鉴于作用在您身上的这些衰老的体验，您的某些合作者开始讥讽您所谓的年轻，或者更加严重的，开始暗示

第一章 原则

您也许太老了,已经无法领导整个部门,应该懂得"交手"了。或者相反,他们重新审视定义年轻的标准,消除在您身上已经失去资格的这些体验所产生的影响。无论在哪种情况,某种反思动力开始启动,这种动力是建立在某种信仰与世界物质性——确切地说,就是您的身体物质性——之间的对立基础上。普通建构主义所忽略的、以实用主义社会学为特征的反思建构主义体现了一种颠覆性潜力。而这种潜力恰恰是相对于已经确立的、长期隐藏于人类存在物质性当中的秩序而言通过抵抗原则努力表现出来的。

的确,长期以来,社会科学完全偏离了这种抵抗原则,因为社会科学在社会生活的物质层面只打算优先考虑掌握象征性和技术手段的观点。从这个角度看,身体和物件是从原材料的角度考虑的,多少是无活力、由人类象征性地通过再现形式形成并通过技术操作使用的东西。归根结底,身体和物件的功能性一直被视为后天获取的。实用主义社会学在承认抵抗原则时打破了这种预先假设。目前存在一种偏见,认为社会问题之外的东西必然是人类所掌握的并带有人类意见的关系物。而实用主义社会学认为，只有在放弃这种偏见的时候才能够恰当地分析实践的肌体性和物质性。这就意味着对身体和物件的考察，首先应该通过它们抵抗技术的能力和挫败人类话语的能力来进行，因为人类正是通过话语努力驯化身体和物件的［Callon，1986；Bessy & Chateauraynaud，1995］。实用主义社会学这种方法不仅为不稳定的社会秩序研究提供了新的思路，同时，它也摆脱了普通建构主义迅速带动起来的相对主义的原缚——关于这个问题，我们将在第五章展开讨论——因为它将重点放在社会活动动力中现实检验所起到的重要作用上，而某些信仰则是通过现实检验反对世界物质性所揭露的谎言。

对称性

对称性原则本身与检验的概念分不开。当我们讨论抵抗的时候，就是承认社会问题外在性，它决定了在现实检验过程中人类表现可能遇到实践局限的条件。当讨论对称性时，就是在以检验的名义预

第一章 原则

先判断谁有道理，谁没道理，谁将有得，谁将有输，谁是主导，谁是被动的同时，放弃了对突然出现的检验的分析［Latour, 1984］。说实话，如果我们能够预先知道检验结果的话，那么这将不是一项真正的检验。想象一下，体育比赛中有比赛结果"不确定的辉煌"，或者战场上两军对峙的挑战：即使敌对双方先验地被认为力量不平等，也不一定就是开始被认定力量最强大的一方会最终赢得胜利。另外，即使最后被认为力量最强大的一方真的赢得胜利，这一胜利可能也不会像预料的那样轻而易举地获取到。对称原则之所以促使研究者认真考虑检验的概念，那是因为这一原则要求研究者必须承认，一项检验总是可以指责曾经有道理的人的过错，可以挫败一直被认为最强大的人的力量——这同时包括那些不太可能发生这种"意外"的情况。

从这个角度看，重要的是要记住对称是方法论原则。事实上，实用主义社会学家深知社会世界的不对称性，正是由于这些不对称性，一些行动者所拥有的、能够为其利益逆转力量关系的机会，或者改变某些既定现实规定的机会极其微弱。实用主义社会学家认为，对称原则的实施依然是后天获取的，包括尤其可能对于那些最不平等的社会状况的分析，因为只有实施对称原则时才能够解释"正在形成的"不对称性。关于这一点，实用主义社会学与那些认为不平等本身是造成不平等再生产权力的社会学方法不同。实用主义社会学认为不对称性不可能解释自己的永续性，因为不对称性只是将这种永续性变成可能性的东西。因此，对称性原则首先体现在研究者身上，他们尽可能详细描写社会不对称性生产或增强过程，同时，在某些情况下，也会描写社会不对称性减弱或者颠覆的过程。这一方法的政治影响也值得我们强调一下。事实上，当实用主义社会学选用对称性原则时，虽然它偏离了宿命论的思想（这是统治的自我繁殖观念很容易导向的思想），但却不会为此落入否认统治事实这种纯洁主义形式（参见下文第五章）当中。它的态度是试图分析正在形成的统治实效机制，以便能够确定可以集体性地改变某些社会不对称性的具体方法。

第一个将对称性原则理论化的是科学社会学家大卫·布鲁尔（David Bloor），他是以建议的形式提

第一章 原则

出来的：要解释科学理论的成功，应该借助说明其失败原因的同样的方法，因此同时要避免认为成功的学者原则上具有本源的理性或尊严，而失败者是不具备这种理性和尊严的。拉图尔和卡隆正是从布鲁尔的思想中借用了对称性概念，将其应用到技术研究以外的领域。最终，实用主义社会学家在分析社会冲突过程时，试图应用对称性原则。其结果是实现从历史和社会统治意义上说的去自然化：从历史和社会角度看，如果真的存在失败者和被统治者的话，那么对称性原则可以让我们理解，他们这一身份不是自古以来就形成的，也不是永远跟随他们的身份。因此，当一个人是社会学家的时候，他没有任何理由物化社会秩序。说到底，这不是实用主义社会学家独自提出的结论。因此，这一结论也得到其他学者的支持，比如克洛德·格里农（Claude Grignon）和让-克罗德·帕斯隆（Jean-Claude Passeron）这些韦伯思想学派的学者，他们强调"力量关系的象征互换性"的思想，也就是在所有统治关系中能够被颠覆的可能性的思想［Grignon & Passeron，1989］。

多元性

在所有以结构主义为基础的社会学中,人类行为从某种意义上说被认为具有双重基础。首先是行动者对他们的行为以及道德辩护的自我理解标准——在这一类型的方法中,这种自我理解标准应该是一种错觉,因为它反映了行动者对自身行为"真正"机制的不了解。其次是可以解释行为的标准,这种标准只有社会学家通过使用某些客观化的手段才能够获取到:因为它处在行动者所宣称的本能的信仰"之下",因此它从来都不是直接体现出来的,它被隐藏着,不予承认,不为人所知,它就是由社会学家所揭露的"无意识策略"[Bourdieu, 1980]。

实用主义社会学脱离了这种模式,它必须在单一层面去思考社会世界,同时放弃这样一种思想,即存在一种能够支配行为和判断外在表层的"深层"标准。我们可以将由此产生的方法要求称为多元性原则:人类行动不再被视为具有双重基础,它的异

第一章　原则

质性构成应该重新被视为行动范畴的多元化。正是通过这种方式，卡隆和拉图尔在他们的研究中表明，社会学家需要长期保持对行动的"内在性层面"的分析，永远不要放弃诉诸假想的背后世界（arrière-monde）或者所谓的深层结构的因果力量。因此，这种态度促使他们认为异质思想起到核心作用。因为一旦承认行为是在它们自己的标准范围内全面发展起来，而且这种标准是唯一存在的，那么我们就有理由考虑在这些行为当中，差异在哪些方面产生，通过这些差异，变化又是如何突然出现的。正因如此——就像我们前面在阐述反还原论原则时提到的那样——卡隆和拉图尔建议要考虑，异质思想所产生的集体行为和社会世界是通过不同的力量编织而成的，这些力量在行动者们所说的"科学技术网络"的合作和同盟链条中相互作用，结合或者不结合。他们认为，社会学家应该接受、研究和理解的正是相互结合的各种力量这种根本的、明确的异质性特征，因为归根到底，只有这种特征才能阐明多种力量相互结合过程以及分解过程。从这一点看，那些忽略多元性原则的社会学家很容易高估介入社会世界中的各种力量的同质性，从而产生各种机构具有稳定性、统一性和持久性的印象，至少是构成这些机构的力量保持足够的一致性的印象，并深受其害。

实用主义社会学的其他创始人，比如吕克·波尔坦斯基和劳伦·泰弗诺，他们试图利用多元性原则的方法有所不同。在阐述"行为方式"（régimes d'action）思想（我们在第二章会加以详细介绍）时，他们曾试着将布尔迪厄社会学"垂直化"的东西"水平化"。实际上，在他们的方法中，策略不再被置于道德辩护"之下"来考察，而是放在"旁边"或者确切地说是"之前"或"之后"来考察［Boltanski & Thévenot, 1991］。因此，他们指出，存在行动者介入公共批评和辩护的状况，同时也存在行动者全心投入策略和利益计较的状况——还有行动者介入爱和同情的状况［Boltanski, 1990］。这些不同状况之间的联系是有序列的：行动者从一个关注道德辩护主导的状况过渡到一个关注策略效果为主的状况中，依此类推。

这种序列模式可以利用美国传统社会学的某些模式。比如欧文·戈夫曼在考察"角色距离""区

第一章 原则

域行为"这一概念时,曾试图根据同一个体发展所处的不同状况来解释其态度变化[Goffman, 1959]。后来,他在其著作中明确指出,自己受社会学家阿尔弗雷德·舒茨(Alfred Schütz, 1899—1959)关于日常生活结构研究的启发,从而将针对行动者提出的"经验框架"的多元性问题理论化[Goffman, 1974]。同样,在埃弗雷特·休斯(Everett Hughes)提出的"劳动道德分工"思想中(根据这一思想,同一种职业总是包含不同时刻,其中在有些时刻职业被认为是"肮脏的工作")以及在安塞尔姆·斯特劳斯极为重视的"商议秩序"思想(同一个机构总有逻辑上不趋同的多元性)中,我们总会发现他们这种对多元性原则的偏爱。学者将这种偏好和他们的一致努力结合起来,严肃认真地思考行为的顺序性问题。

然而,如果认为多元性原则反映了美国社会学传统的排他性,那是一种错误的想法。因为,在德国社会学传统中也存在众多的多元性原则表现。只举一个例子,那就是马克斯·韦伯。他曾指出:"一个个体可以根据彼此矛盾的规则(不仅是日常生活中连续出现的规则,而且包括在同一行动过程中的规则)来引导自己的行为"[Weber, 1922]。在涂尔干学派思想中同样也有一些关于多元性的清晰表述,尤其是关于专业实践和业余实践所谓的普遍性对立的讨论,而实际上(这两种实践)是通过一个顺序联系将它们链接起来的;或者如果仔细考察人类社会,我们还会发现权威从来不是掌握在一个行为者(人、集团、机构等)手中,而是掌握在多个行为者手中[Durkheim, 1950]。

相对不确定性

阿尔伯特·赫希曼曾说:"人类事务唯一确定的、可以预测的属性就是它的不可预见性。"这句话可以帮助我们介绍实用主义社会学第十个也是最后一项原则,我们称之为"相对不确定性"。也就是在于认为,人类行为具有某种规律性,因此具有某种可预见性,但是在任何情况下,无论所做的努力如何,这种规律性和可预见性都不是绝对的。这一原则具有让人感到困惑的特点,就是它同时认为(即

第一章 原则

使是片面地认为）人类行为应该被视为具有不可预见性或不可确定性，这一思想似乎与社会学的科学性目标相对立。然而，事实却相反：因为从韦伯思想这个观点来看，假如我们承认严格的决定论不适合社会现象研究，甚至按照自然的科学模式，提出历史规律或者社会生活规律这种想法都是一种幻想的话，那么尊重相对不确定的原则与社会学的科学性标准并非对立，而是对社会学这一学科最大的尊重。

我们甚至可以说，从历史角度看，从社会学开始完全接受这一原则那一刻起，它才真正成为一门科学。正如我们从这一学科的创建者身上所看到的那样，实际上，应该公开承认社会约束力的概率性观念，这样社会关系的规律性才不会被否认，或者那些看起来并不科学的东西才会被视为具有机制性或自然性约束力的影响：正因为如此，韦伯提出权力的"机遇"（Machtchancen），而涂尔干提出自杀的"倾向"，二者都在提醒读者提防社会行为的绝对确定性和可预见性。马塞尔·莫斯（Marcel Mauss，1872—1950）在他著名的《礼物》一书中表达了同样的社会学态度。他指出赠送、收取、返还礼物如何具有强制性,并往往伴随着惩罚,但并不是不存在违背这种规律可能性的机制——正因如此,强制性,尽管伴随着惩罚,有时也不是令人满意的[Mauss, 1950]。

实用主义社会学将这些考量纳入自己的学科体系中。它承认社会强制性总是伴随着惩罚,目前看来,不是所有个体都具备同样的权力"机遇",不是所有人都具有同样的"倾向"。为此,它承认在任何社会或群体中,人类行为都具有可预见性的一面。所以,它认为将这种可预见性绝对化是反科学的,并坚决注意将社会关系相对不确定性原则作为自己的中心方法,这有时也是它与其他社会学不同的地方。这种关注具有双重意义:从分析角度说,可以预防社会学向社会学至上论——也就是说物化社会约束力方向——偏移,同时预防社会科学固有的科学性模式和表现自然科学特征的模式相互混淆(这种混淆往往与上述可能引起的偏移有关)。从政治角度说,需要强调社会规律性的存在(有时很明显),无论好坏,总是无法阻挡另一个社会世界存在的可能性,因此,这样的世界也会不断出现。

· 第一章　原则 ·

* * *

这就是实用主义社会学的初步构图，我们是从它的主导原则展开介绍的。它不仅可以为那些希望实践这类社会学的人提供指南，同时也可以为那些希望评估自己眼中的一项社会学研究有多大程度属于实用主义社会学的人提供指南。因此，我们也许会说，假如一名研究者在他的社会学调查中遵循了我们上述介绍的原则的七条以上，那么我们就可以肯定说，他确确实实在从事实用主义社会学的研究；如果他遵循其中三到七条，虽然他没有做实用主义社会学的研究，但从多种方面接近这种方法；如果少于三条原则，那么毫无疑问，他没有受这类社会学所影响。但是，我们要明确指出，他的情况既不严重也不是无药可救，因为一方面，在社会学领域，人们总是希望理论与方法上的多样性，并具有启发性；另一方面，实用主义社会学让我们懂得，不要将个体固定在他们某个特定时刻所防守的处境，而是要考虑个体有可能改变态度和观念的过程。

第二章 概念

在这一章里,我们将向读者介绍实用主义社会学的第二幅构图。这一次,我们将开始介绍在这种形式的社会学领域中,研究者在他们观察研究过程中形成的一些概念。需要明确指出的是,第二幅构图只有在与第一幅构图进行比较时才具有贴切性。事实上,在社会科学领域,正是因为直接使用某些概念性工具,但没有考虑能够让其得以发挥并赋予其意义的原则,才造成持续不断的误解。

实践的另一种观念

实用主义社会学与能力原则、抵抗原则以及相对

第二章 概念

不确定性原则相联系,这促使它发展出一种新型的实践观念。其中检验的观念占据了重要地位——我们在本书的导言中提到,检验这一观念的重要地位,可能会让人觉得,说"检验社会学"比"实用主义社会学"更加合理。还有其他概念可以补充"实践"(praxis)的这种创新性观念,即介入方式和社会机制。

检验

在第一章中,我们在研究实用主义社会学的原则时基本已经阐明了这个概念。实际上,检验(épreuve)这个概念包含的一个特性就是,它促使研究者将社会世界构想成一个总是"正在形成的"的世界(反本质主义),尤其是让研究者考虑到社会归属和社会地位是可以转换的(能力)。另外,它要求研究者系统地考虑世界物质性对人类表征和操作所提出的抵抗(抵抗性),而不是提前预判某些行动者的成功或失败(对称性),从而能够承认在社会关系当中存在部分不可还原的不确定性(相对不确定性)。检验是一个创新性概念,可能除了戈夫曼思想中的"打破框架"(rupture de cadre)[Goffman,

1974] 或者常人方法学中的"破坏试验"(breaching experiment) [Garfinkel, 1967],在社会学传统中找不到其他与之相对应的概念。

> ### 检验概念的起源：格雷马斯的行动元模式
>
> 符号学家阿尔吉达斯·朱利安·格雷马斯 (Algirdas Julien Greimas, 1917—1992) 受弗拉基米尔·普罗普 (Vladimir Propp, 1895—1970) 关于俄国民间故事形态学研究的启发，发现在讲述主人公寻找物件的故事中存在四种角色 (或行动元)：要求或命令主人公寻找物件的人的角色 (发起人)，可能从中获益的人的角色 (收件人)，协助完成寻找任务的人的角色 (辅助人)，最后是敌对者的角色 (反对者)。不同的人物可以连续承担不同角色，发起人在故事当中实际上可以成为反对者，辅助人也可能最终成为寻找物件真正的收件人。各种角色在不同类型的检验过程 (资格考验、关键考验、荣誉考验) 中进行分配，从而实现角色转换 [Greimas, 1966]。因此，我们明白，这样一种以结构语义学为基础的行动元模式之所以能够启发实用主义社会学的创造者，是因为格雷马斯提出的行动者和行动元之间的根本区别可以让实用主义社会学家们考虑身份可逆转性问题，同时检验的概念提供了思考社会秩序可转换性的可能性。

· 第二章 概念 ·

检验这一概念首先属于结构语义学（参阅框架里的说明），是通过拉图尔和卡隆的科学技术人类学的研究，我们才将这个词变成社会学的一个概念。两位学者将检验定义为力量关系的场域［Latour, 1987］。它的基本特征在于重新讨论行动元此前一直作为某些物或者生命可靠的、无可争议的代表关系。比如，当某个工会干部成为某一个工人群体的代言人，人们开始质疑（工人公开否认他的代言人身份，出现竞争工会等）这种代表关系时，检验或验证就产生了；又比如一名核物理学家成功地成为某种类型的粒子的代言人，人们质疑（突然，这些粒子表现得不像这位科学家曾经预言的那样）他的代表关系时，也会产生检验。当代言人与他所代表的人分离，证明他无法代表他想要代表的人的意愿，是一名不合格的代言人，他所代表的人不再与他站在同一条线上，以至于他的代言人地位受到侵犯时，检验就具体实现了。最终，工会干部只代表他自己——而不是工人和工人的利益；物理学家不代表他所研究的粒子，而仅代表他自己的想象。

根据拉图尔和卡隆关于检验概念的阐释，应该指出的是，这个概念体现了一种表现危机，或者确切地说，是质疑某个实体（人类或非人类）代表它之外的其他事物的意图。总之，任何一种状况，比如行动者体验到社会秩序的不稳定性，甚至感受（éprouver）到对现实的疑虑，这些都是检验。吕克·波尔坦斯基和劳伦·泰弗诺［Boltanski & Thévenot, 1991］也正是受到这种思想的启发才重新研究这个概念。他们在研究冲突境况和日常生活中突然爆发的事件时采用这一概念，并指出从力量的简单关系视角来讨论这类检验的思想并不恰当。他们认为，争执和事件遵循证据的论证和管理的特殊约束力，而这些约束力与纯粹力量相反。当然，在这种被他们称为"审判"（en justice）的极其"规范"的验证（épreuve）当中，人们会质疑某些人根据自己的身份地位而意图代表他者的行为，这种质疑有时非常激进。然而，这种质疑还没有等到共同期待的视域（Horizon d'attentes partagées）完全消失就开展起来。什么样的视域？在这种情景下，指的是上升为普遍性要求所勾勒出的视域，而这种要求是针对所有那些能够对此进行表达或者有可能管理他们提出证据的人提出的。从这一点看，不仅是行动者，而且也是被审判的证据应该遵循某些形式的约束力，从而避免被指责具有任意性，或者受制于某些纯粹力量关系［Boltanski & Chiapello，1999］。

> **对常规概念的批判**
>
> 在社会学中，实践秩序以前往往被视为观点意识、重复和反身性缺席的剧场［Bourdieu，1980］。而实用主义社会学研究者开始将其视为各种不同水平和强度几乎无断裂的一系列检验。在这些检验中，每一个新的行动都有可能在行动者身上引起怀疑，质疑直到那时行动者与世界建立起来的联系。正因如此，人们摈弃了这样一种观念，即行动者所实施的常规行为是来自他们同样的想法、同样的行为的一种机械性再生产。实际上，一方面，实用主义社会学提出的反本质主义促使我们认为，每个行动都必然会促使行动者改变其知识储备，即便这是一种微不足道的改变，即使这些知识储备一遍遍产生效果，也一遍遍巩固其以前的信仰。在这一点上，常规不应该被物化为对同一行为的重复，而应该被视为对行动倾向的强化，也就是说，应该被视为一种具有活力的概念。另一方面，实用主义社会学所强调的抵抗原则促使人们关注混乱和一些微小的麻烦，因为这些混乱和麻烦时刻都有可能妨碍常规事情的发生，甚至在某一时刻打乱常规事情的发生。从这一点看，常规不可能被理解为解释个体行为的东西，相反，它应该由行动来解释。常规并非人类行为某种先决的已知条件，而是应该从常规中发现某种可能失败的行为表现。

实用主义社会学导论

二十世纪九十年代,实用主义社会学家沿着吕克·波尔坦斯基和劳伦·泰弗诺的研究展开考察,关注研究行动者不受高强论证约束力限制的社会状况,这些状况不是完全公开的,也不是完全机构化,这使他们发现一系列众多的检验。比如,劳伦·泰弗诺在对他所说的"熟悉方式"(régime de familiarité)展开研究时,集中关注活动过程中突然出现但又消失的窘困以及一些微弱的、奇怪的感觉问题——比如,面对某些客体的抵抗,或者某些身体接触引起的不悦感觉。所有这些现实的小检验,根据上升为普遍性过程以及从一种介入方式过渡到另一种介入方式[尤其参阅泰弗诺的研究,Thévenot, 2006],显然能够转变成审判检验。对此,实用主义社会学家曾有过多次描述并投入大量分析,但这些检验在它们所处的层面,仍然是低强度的检验,它们构成某种微检验(micro-épreuve),让行动者对自己参与的社会秩序的现实性和稳定性产生怀疑,并有可能扩大。这种延伸观念意味着拒绝将行动者所处的世界的常识性特征(caractère doxique)视为后天获取的。从这一点看,这一观念让我们相信,

行为方式

正如在第一章所指出的那样,"行动方式"或最近泰弗诺所研究的"介入方式"是研究者遵循多元性原则的概念性工具。换句话说,研究这些概念的目的是提出一个可替代行动的所谓表层标准和深层标准①之间相互衔接的想法,从而可以重新思考作为行动范畴中多元行为的异质性构成。因此,波尔坦斯基和泰弗诺在他们的著作《论辩护》一书中强调,书中想要分析的只符合社会生活的某一特殊时刻——经验的特定框架——也就是人物公开相互批评和相互辩护的时刻[Boltanski & Thévenot, 1991]。虽然这样的时刻经常发生,但是不应该将其视为普遍存在的。因为存在很多情景,不公正的问题以及不合

---

① 这里"niveau réputé superficiel"指的是结构主义社会学提出的自我理解层面,"niveau réputé profond"指的是与结构主义社会学相对的社会学家阐释层面。具体请参阅本书多元性原则的解释。——译者注

理的行为问题在行动者眼中已经不是问题了。这便是"和平"的情景,正如波尔坦斯基所提到的那样,人们以日常的方式做事,面对客体没有产生特别的慌乱和窘迫,也没有介入与别人的争吵当中[Boltanski, 1990]。的确,这是相对的和平:打扰和冲突依然保留在勉强维持的日常状态下(参阅上文框架内容)。但是在这些状态下,一切都可能转向另一种行为方式。比如,您的电脑突然坏了,您烦躁不安,敲打电脑,就这样您转入波尔坦斯基所说的"暴力方式"上;也仅是狠狠地敲击了一下电脑,您将电脑敲坏了,您旁边的同事马上指责您,这让您不得不向他们进行自我辩护("正义方式");由于不知道该怎么回答他们,您可怜地低下头,向他们道歉,眼含热泪。这时,有一位同事站起来,将您抱进怀里,用言语安慰您("爱的方式")。

正如这个小故事所显示的,让运用"方式"这一概念的研究者特别感兴趣的并不是对特殊方式——和平、暴力、正义、爱或其他泰弗诺后来发展起来的模式中出现的"熟悉""计划""可辩护性介入"——本身的考察,而是将行动者从其中一种行为方式过渡到另一种行为方式，或者相反，使他们维持他们所处的行为方式中的互动性动力。同样，正是已建立起来的社会机制限制了不同行为方式之间过渡的可能性，或者引起这些行为方式系统性地连续转换。这两种情况都可能产生重要的政治影响，尤其关系到进入"正义"方式或者"可辩护性介入"方式时。最后，不同方式的过渡或者阻碍在行动者身上产生的是情感。关于这几点，读者可以参阅《多元行为》[Thévenot, 2006]一书，书中详细阐述了与行为方式概念有关的内容。

社会机制

在哲学家米歇尔·福柯（Michel Foucault, 1926—1984）的研究中，"社会机制"或配置（dispositif）的典型范式是全景。监狱社会机制这种功能性组织出现在十九世纪，并通过理论话语得以证实。在建筑规划上，它是由一个中央塔台和周围牢房构成，这可以让看守人员时刻注意他看管的犯人，但反过来却不会被犯人看到。正如福柯所指出的那样，在那些设计监狱的人的思想中，这种不对称的而且有可能无所不在的监督配置，其目标就是改善犯人的行为，强制他们在明知无时无刻不被监视的情况下时刻要有"良好"的行为。这就是分析的关键点：全景机制是一种知权机制，也就是说，它的目的在于让行动者做某事［Foucault，1975］。

实用主义社会学家重新关注机制这个概念，将它变成自己这门学科中一个可操作性概念，这种方式与福柯的思想比较相近。因此，他们认为，机制的主要特征是引导个体做他们不一定会做的事情。关于这个问题，拉图尔［Latour，1993］提出"行动大纲"（programmes d'action）的概念。根据其定义，拉图尔指出，机制通过它的材料和组织安排规定了个体的行为和思想。门栓、安全带、猫洞、购物单以及放在某些公路路面的人工减速带（有时被称为"减速器"）都是日常生活中的例子。这些机制迫使人们在进门后关门，不让猫睡在外面，记得在超市购买胡萝卜或者在校门口前开车减速。通过这些事物说明，提醒人类注意生活中的某些规则和道德关切的方式往往转赋予技术客体。从这个角度看，这也就是说，机制从来都不是简单纯粹的技术性东西，而是一直具有社

第二章 概念

会技术性 [Callon, 1986; Latour, 1992]。

实用主义社会学家在关于机制的思考中有三项重要的考量。第一项考量体现了对福柯思想的改变（或者确切地说，是对福柯思想应用的改变）：实用主义社会学没有将机制仅仅视为实施限制权力的东西，而是同时将其视为可能提供资格权力的东西——换句话说，它们有时可以增加人们行动能力，正如安东尼·汉宁所研究的"音乐机制"那样[Hennion, 1993]。从标准角度看，机制不应该被视为本身不好的东西。第二项考量是按照相对不确定性和能力原则进行，实用主义社会学家不认为机制绝对限制了相关人员的行为。戏剧剧本没有说明戏剧实际该怎么演，同样，行动者也可以忽略、无视或者逾越——自担一切风险——配置的材料和组织安排所规定的行为大纲。正如查理·卓别林在《现代时光》里所表现的，安装流水线的行为大纲，即便最严苛的规范也可能有工人违规。同样，世界上没有一个红灯具备阻止汽车驾驶员通过的权力。因此，出于分析和政治不可分离的原因，实用主义社会学家认为，重要的是永远不要将机制规定的禁止与行动者物质上的不可能性等同起来。最后一个考量是，实用主义社会学意义上的机制概念促使我们提出一种行为观念，认为行为不仅集中表现在行动者身上，而且同时要考虑他们的物理和组织环境，因为环境往往反映规范维度。因此，这一视角促使研究者思考机制的实施和改革纯粹政治性问题，即完善生活或工作中的某些机制如何成为转移某些限制、重新赋予个体某种资格权力的工具？这样，实用主义社会学重新回到了福柯不是以人为基础而是以机制为基础的政治批判思想上。

冲突的另一种方法

实用主义社会学非常重视检验这一概念，因此也就将冲突的问题置于它分析的中心。正如我们将要在第三章阐述的那样，社会关系冲突性这一研究方向表现在调查方法上，同时在实用主义社会学形成的概念方面也得到验证。我们这里讨论的很多概念都是为了清晰阐述社会中行动者的批判能力而发展起来的，这种能力是实用主义社会学家从他们自己描述的原则角度看，认为传统社会学概念手段一直无法用让其满意的方法来理解的能力［Breviglieri *et al.*, 2009］。

"事件"形式

人类学家伊丽莎白·科拉维利（Élisabeth Claverie）和社会学家吕克·波尔坦斯基在运用实用主义社会学的原则——尤其是反本质主义和对称性——时，对什么是"丑闻"和"事件"展开了分析，他们强调两种形式相关转换的意义［Boltanski *et al.*, 2007］。一方面，"丑闻"就是轻而易举地、一致被认为合法的也是众望所归地公开谴责被控诉人。十九世纪末在美国南部对被指控犯罪的非裔美国人实施的私刑处决就是一个典型案例。在这个案件中，相关的审判群体（至少是公开地）在指控当中表现出完美的一致性，在惩罚中获得了集体满足感，从来没有一个人公开为被控诉人辩护——而他本人也从来没有冒险发表自己的意见。另一方面，"事件"一开始也是丑闻，但它是一件突然间反转的丑闻，控诉者反过来成为被控诉者或者其同伴的控诉对象，在法国，一个典型案例就是"德雷福斯案"（Affaire Dreyfus）。那时公众分成两个阵营：一个阵营由对被控诉人进行指控的人组成；另一阵营由指控对被控诉人进行处罚控诉的人组成。因此，事件本身就构成了极为特殊的戏剧性时刻，在那一刻它所涉及的人的身份可能发生翻转：不确定性萦绕在最终应该是受害者或者有罪者的头上。相反，丑闻公开揭示社会标准秩序的不稳定性有可能遭到侵害，因此，它是通过一致谴责的仪式庄严地确立起来。

通过这条分析路径——在这里我们只作大致总结——我们从中至少可以汲取两条教训：第一条就是，事件形式产生一个公共空间，这一公共空间与丑闻形式产生的公共空间完全不同。它是一个批判空间，也就是说是围绕分歧构成的，不再像丑闻产生的公共空间那样面向一致意见的表现，因为在丑闻中会形成一致意见，群体通过一致谴责那个被指控侵犯共同规范的人来重申共同规范。正是在这个意义上，我们可以像讨论"批判社会"一样来讨论现代社会［Boltanski, 1990］，并赋予其一个明确的意义：它指的是对于涉及冲突公共管理问题由事件

· 第二章 概念 ·

形式主导,从而产生多种批判性和分歧性公共空间的社会。这并不是说,在其他社会,公共批评是不为人所知的:因为占优势的丑闻形式以及对它所认为的被控诉者的谴责足以证明这一点。同样,也不否认在其他社会,被控诉者应该有话语权或者值得被辩护的想法有存在的可能性,尤其是通过冲突调解的惯例或司法程序而存在。但是,波尔坦斯基和克拉维利提出一个假设:正是在现代社会中,事件形式才得到社会和制度上的极大支持和促进。因此,在这样的社会中,"引起丑闻"或者确切地说,丑闻的缘起最终都很容易转变成事件,也就是说,成为开启批判公共空间的起因。至少,这就是实用主义社会学家在各个领域,比如企业[Chateauraynaud, 1991]、艺术生产[Heinich, 1995]以及体育领域[Duret & Trabal, 2001]对冲突的公共管理进行分析时,在大量观察研究的基础上得出的结论。

从这种分析模式可能得出的第二个教训是:没有事先的丑闻就不可能产生事件,而反过来却不是这样的。因此,丑闻自然被认为是产生公开谴责的第一时间。相对丑闻而言,事件意味着公开反对谴责，所以从时间顺序上就合理地成为次要形式。从这个角度看，所有丑闻被当作事件的开始时序来研究，即使丑闻实际上并没有产生事件。因此，产生了一项研究纲要：为什么有些丑闻没有引起事件，甚至为什么在某些社会中几乎没有一件丑闻会转变成事件 [Boltanski et al., 2007]。事件是展开公开谴责最圆满的形式，研究者可以借此来调查是什么阻止它意外发生，也就是说，是什么限制了在相关社群中产生一个意见不一致，具有批评话语的公共空间。

上升为普遍性

设想一下，您自认为在办公室成为上级领导"精神骚扰"（harcèlement moral）的受害者：当您将这种特殊的状况与法律规定的职员与领导之间正常关系联系起来的时候，您就将这种状况普遍化了。就是说，完成了将在您身上发生的事情——您的个案——和在其他任何一个人身上发生或者可能发生的事情等同起来，实现了普遍化的努力。从这个意义上说，"上升为普遍性"可以被视为阿尔弗雷德·

· 第二章 概念 ·

舒茨所说的类型化（typification），也就是说，在此时此地通过某一普遍类型（比如精神骚扰）的个别定义来应用某一状况，有可能保证它与其他无数个状况具有同等性［Schütz, 1971］。这个概念也类似于"常人方法学"中的"去指示性"（désindexicalisation），它指的是行动者通过客观性描述方法，也就是以跨情景有效的表达方式，为摆脱自己所处情景的不可逆转的背景特征而作出的努力［Garfinkel, 1967］。无论我们赋予它什么样的名称，重要的是要注意到，"上升为普遍性"的概念，像它的类似概念一样，如果要恰当使用，就需要研究者同意反还原论原则。实际上，只有事先承认所有经历的情景完全是特殊的，也就是不可复原到其他人身上的情况下，社会学家才能够思考行动者如何能够将他所经历的情景与其他人的情景等同起来这个问题。如果不承认这一点，社会学家有可能在着手处理研究对象时，自己将所研究的情景典型化，也就是说，自己将所研究的情景与某种普遍类型联系起来——比如，对于他来说，他不会怀疑行动者这样的经历就是"精神骚扰"。这样一来，他自己就没有可能研究行动者将他们自己的情景普遍化,并将在他们身上发生的事情与普遍类型联系起来时所体会到的困难。

然而,实用主义社会学早已明确指出,这些困难有时非常艰巨,甚至不可逾越。吕克·波尔坦斯基曾做过一项相关研究,研究那些想要揭露自己曾是受害者或者见证者的不公平事件的读者寄给《世界报》的信件,以及收到信件后的记者们的意见[Boltanski,1984]。他指出,某些行动者在可接受的形式下很难将具体问题上升到普遍化,而这种提升恰恰是那些参与公开谴责的人所期待的。正如他所强调的那样,在将个人状况"去个性化"的努力中,行动者所犯的错误会成为判断其品性的口实,比如说他们无力胜任甚至行为反常,并且需要——根据能力原则——承受实际后果:他们的申述没有被认真考虑,他们的境况被归于"个人问题"和心理问题的范畴。从纯粹社会学的角度看,研究程序(司法程序、行政程序、统计程序等)和社会机制(心理协助办公室、活动者协会、工会、审判庭、媒体等)具有政治重要性,在我们的社会中,通过程序和社会机制手段,可以鼓励,或者相反,劝阻人们将他们个人的境况上升到普遍性现象。从社会和制度性的激励到上升普遍化的实施,这一切实际上依靠的不仅是将在他们身上发生的事情用政治术语而不是用个人问题术语加以阐释的可能性,而且还依赖于其他人严肃对待他们的申述的机遇,而不是被相对化地视为反映他们心理问题的一些症状。总之,这也就意味着,"上升为普遍性"这个术语最后可能变成"政治化"的同义词。在这种情况下,这个术语具有一个明确的含义:应该将这个术语理解为行动者为将他们的个人情景去个性化和去心理化所做的努力。

批判活动

吕克·波尔坦斯基和劳伦·泰弗诺[Boltanski & Thévenot, 1991]曾建议将所有构成行动者批评能力的要素,连同"上升为普遍性"都称为"批判活动",比如有可能在社会中观察到这种批评能力"正在行动",尤其是当行动者介入"事件"形式当中时。揭露是其中最重要的活动之一。它在于让人们看到那些被掩盖的、未被察觉的隶属关系或者串通关系,这些关系被认为使某种已确立的检验具有不合理性［Boltanski & Thévenot, 1991, p. 265 – 270］。揭露就在于说明，比如，一名警察没有对这位违规的司机做笔录，实际上是因为他们是表兄弟；又比如，议会对禁止使用杀虫剂没有像人们期望的那样决定制定严格的立法规定，实际上是因为很多议员与农业活动集团保持密切的关系；一位老师给这位学生的论文打了高分，实际上是因为他从学生的论文当中认出他自己社会阶级极为看重的风格和品味特征。这些例子说明，揭露的批评活动不仅发生在社会生活中，同时也出现在社会学文献中。因此，从我们所说的反身性原则的角度看，社会学家也许应该在草率地将揭露视为分析材料之前，先将其变成分析对象。

掀起一件公共丑闻或者企图将丑闻变成事件，需要其他批判活动——检举、证据和证明的行政管理——以及结束争论的批判活动。就像社会学家乔治·齐美尔（Georg Simmel, 1858—1918）所观察到的那样，事实上，没有任何事情能够要求冲突的参与者们停止对抗。他指出，从这个角度看，诉诸暴力，尤其是身体损伤并不能保证——正相反——结

第二章 概念

束争议：只需想想贵族社会的家族仇杀就明白了。他认为，从社会学的角度理解终止争议的机制，协商、道歉、和解这些概念比使用暴力更加重要［Simmel，1908］。波尔坦斯基和泰弗诺在他们的著作《论辩护》［Boltanski & Thévenot，1991］中重点分析了一个关键概念（从多个角度来看）——和解，而这一做法正是汲取了齐美尔的思想。他们指出，"和解"指的是介入冲突中的行动者有能力不居于上升为普遍性的至高点，而是承认必须立足于争诉开始时的特殊性和指示性（或索引性）上。这一行为可以与他们所说的"相对化"行为相区别。相对化指的是完全制止形成上升为普遍性的行为，倾向于人们常说的"放弃"这一事实。正如波尔坦斯基和泰弗诺所说，在我们的社会里，和解和相对化在冲突管理中起到决定性作用，以至于无力达成和解和相对化有可能被视为反映相关人员的"心理问题"，而不是证明忠实于自我或者关乎荣誉问题。

城邦

对不理解"上升为普遍性"含义的人来说，

"城邦"（cité）这个概念会显得非常晦涩。实际上，"城邦"这个词，在波尔坦斯基和泰弗诺的《论辩护》中指的是社会行动者为了将社会关系政治化而习惯性地实施普遍等价的形式［Boltanski & Thévenot, 1991］。因此，城邦的主要特征就是让人在彼此之间建立一种普遍比较形式，只以他们一个人的能力评估为基础，排除其他考量。比如，他们所说的"商业"城邦只重视每个人从事商业活动而致富的能力。这样一来，尽管每个人在各种关系中都是不同的，但是这个概念将人与唯一一个普遍等价形式，即致富的竞争联系起来。这种操作程序随时在个体之间建立一个等级关系，一些人借助贸易有能力致富（正如作者所言，他们在商业城邦中是"大家"），而另一些人正相反，在市场上属于低微的竞争者（他们是"小人物"）。除了"商业"城邦外，波尔坦斯基和泰弗诺还区别了很多城邦，比如"公民"城邦、"工业"城邦、"家族"城邦、"灵感"城邦以及"舆论"城邦。每个城邦都以普遍等价原则为基础，与其他城邦形成明显区别，施用于人身上时，就意味着只考虑他们的一种能力而排除其他能力——代表整体利益的能力、

第二章 概念

表现组织有效性的能力、体现传统的能力、发挥创造力的能力或者吸引名望的能力。

> **和解的构成特征**
>
> 波尔坦斯基和泰弗诺认为,现代社会中集体生活是由和解贯穿而成的 [Boltanski & Thévenot, 1991]。这为社会学家提供了通过机构价值冲突的历史解释它目前功能的可能性,解释如何达成和解,如何赋予机构的内部组织、法律机制、成员习惯以及建筑设计在今天所具有的形式 [Derouet, 1992]。另外,需要强调和解的特征:和解不是保持事物原样,而往往通过实施物质的、组织性或新法律等设施表现出来,其方法的精巧以及潜在的不稳定性在于企图将完全不可兼容的城邦要求结合起来。就像那台模仿传统手法进行工业化生产干酪的机器 [皮埃尔·布瓦扎尔德 (Pierre Boisard) 和玛丽-特雷斯·勒塔布里耶 (Marie-Thérèse Letablier) 重溯了这台机器的起源] 一样 [Boltanski & Thévenot, 1989]:这种创造性社会机制本想同时满足组织性效能原则的支持者(工业城邦)和尊重传统原则的支持者(家族城邦)的需求,然而实际上它完全无法同时满足双方的需求。这个案例强调了和解所追求的社会和机制稳定性依然非常脆弱。由于和解一直被认为有可能变成一种妥协,因此有终止点的冲突有一个特征,那就是能够随时通过行动者上升为普遍性而再次爆发。

实用主义社会学导论

波尔坦斯基和泰弗诺所区别的六个城邦，它们的基本原则各具特征，彼此互不兼容。根据某一特定城邦的最高原则（比如家族城邦所要求的对传统的尊重原则）组织社会世界要求相对化处理其他最高原则，提高人身上其他能力（比如，改善生产效能的能力，或者自由释放自己创造想象力的能力），而这些能力可能与遵循习惯和沿袭传统的做事方式相矛盾。两位学者认为，这种倾向性的不兼容是完全掌握现代社会特殊性的根本，因为现代社会不仅是批判性社会，也就是说，在冲突公共管理方面，是由"事件"形式主导的社会，而且从价值角度看，现代社会是多元社会。正如韦伯曾经强调的那样，实际上，关于什么是社会组织的理想模式，在无穷无尽的讨论中有各种各样的观念，这些观念常常相互对立，每个观念都有可能享有相同的原则合理性。而对于《论辩护》的作者来说，社会范畴的各种竞争观念之间的斗争昭然若揭，每次当行动者批判社会世界或者为社会世界辩护时，都会调动一个类型的城邦，而这个城邦并不是他们的对话者所诉求的城邦。在竞争性动员过程中，随着各种观念斗争的

第二章　概念

增强，每个人都会在普遍化的高度上有所提高。因此，存在一种思想，就是希望这种彼此对立、互不兼容的理想模式能够形成阿尔伯特·赫希曼所说的"不可分冲突"形式——换句话说，就是界限分明的冲突，是或者不是。从系统性上看，如果冲突界限不分明，那是因为，正如人们所言，相对化与和解构成了社会成员普遍期待的批判能力的组成部分。冲突中的活动者一旦被上升为普遍化，公开明确表明彼此对立的原则，感受到彼此的不兼容性，相对化与和解就会引导活动者完全或者充分相对化处理这些问题（相对化），从而重新回归到争执最初情景不可逆转的问题上（和解）。

社会的另一个视角

实用主义社会学为理解社会生活冲突而提出的概念——我们刚刚阐述的——指明行动者十分关注对他们所属的共同秩序的辩护。因此，这些概念意味着，所有个体（自从他开始批判并开始自我辩护时起）都知道或者感觉到自己所归属的社会。在进一步发展这种预感直至其最终影响时,实用主义社会学重新全面确立"社会"这个概念,通过一些诸如"人""语法规则"等概念指出它与方法论上的个人主义之间的分歧。

人

社会学经常讨论个体、行动者或者因子。波尔坦斯基和泰弗诺在《论辩护》一书中提出最好讨论人[Boltanski & Thévenot, 1991]。他们认为,这是遵循我们所说的能力原则。实际上,在西方文化中,从亚里士多德思想到托马斯主义的持续发展过程中,人的概念一直被视为一种力量。这种比喻至少有两个隐含的意义:一方面,作为一种力量,一个人只有通过自己的行为来表现:我们永远不会提前确切地知晓一个人在特定情景下会做什么事,他明确地能够做什么,以及他有多大的反应;另一方面,一个人被定义为一种力量时,这种力量从来不会由于在过去实现的行为而枯竭:他总是被预判保存某种行为以及某种在未来可以有不同行为的能力。在这一方面,波尔坦斯基和泰弗诺认为,"人"这个词在

· 第二章 概念 ·

社会学上的应用首先应该明确描述个体从他们开始行动起所表现出来的完全无限度的特征,也就是说不可物化的特征。

我们要强调的是,明确这种无限度特征既不是本体论的态度,也不是承认某一文化事实,因为在社会学家首先研究的现代社会中,个体在被视为人的情况下倾向于彼此相互建立联系,而且,正如涂尔干所分析的那样,他们对"人"这一概念本身顶礼膜拜 [Durkheim, 1893]。另外,这并不意味着在其他类型的社会中会有不同。在那些社会中,即使人本身不是神圣化的对象,个体也不一定会忽略他们的同伴在面具背后拥有他们目前行为无法耗尽的能力 [Mauss, 1950]。另外,我们还要补充的是,虽然波尔坦斯基和泰弗诺提出的视角让我们将他者视为具有道德义务的人——至少属于我们社会的人——但这种视角同时也强调了,根据相对不确定性原则,这种道德义务往往无法令人满意。因此,对损害展开分析便成为一种可能,就是分析某些社会机制及已确立的实践行为对他们所称的"人类公社"和个体"尊严公社"的损害——这类考察让人想起欧文·戈夫曼研究中所谓的"整体"机构的功能及其对作为人的"我"的冒犯的方式［Goffman, 1961］。从这个角度说,讨论人的问题,并不是触及个体的基本品质,而是要考察我们社会中越来越常见的、越来越重要的社会关系模式。因此,我们需要摆脱方法论的个人主义,不是从抽象的观点来构建个体,而是从其构建成"人"的角度,也就是说,从一个被社会认可的成员的义务角度这个基础来构建个体。

语法规则

实用主义社会学对"语法规则"（grammaire）这个词的使用不同于结构主义对这个词的使用,尤其与语言学家诺姆·乔姆斯基（Noam Chomsky）提出的"生成语法"的概念不同,后者指的是表层结构（产生的陈述）与可能限定其结构的深层结构（认知系统的组织）之间的对立。根据我们前面所描述的多元性原则方式,实用主义社会学是在坚持行为秩序的同时思考语法规则这个问题。在这个框架下,"语法规则"这个词指的是行动者在他们的实践中期望遵循的整体规则,是社会学家能够通过观

第二章 概念

察抽离出来的规则［Boltanski & Thévenot, 1991］。行动者的实践（比如，他们公开批判和自我辩护的方式）与研究者对这一实践的模型设计（正如我们在《论辩护》一书中所观察到的那样）之间的关系被认为类似于语言的日常应用（比如爪哇语）与语法学家将这种日常应用付诸作品形式（关于爪哇语语法的书籍）之间的关系。因此，这是一种澄清和解释的关系，而不是生成关系。在这种关系中，动力来自实践而不是语法规则，正是实践在历史性的发展过程中推动其构成规则的发展变化。

对于重新借用"语法规则"一词的实用主义社会学家来说，在遵循其原则的基础上，这个词可以与布尔迪厄提出的"实践感"［Bourdieu, 1980］一词相结合。实际上，实用主义社会学意义上的语法规则概念并非认为行动者在按照规则行事时一定是打算遵循规则的，因为，一种语言的说话者，虽然发展了这种语言的"行动"意识，但他不一定要知道语言的形式规则才能够正确地说这种语言。同样，一个称职的社会成员也不一定非要知道这个社会特有的正义在意义上的形式规则，才能够说出让其同伴赞同的什么是正义什么是非正义的话。这一点让我们考虑实用主义社会学中语法规则概念使用的第二个关切点，即在承认每个社会中都存在某种规律，也就是某种行为可预见性的同时，充分尊重相对不确定性原则。讨论语法规则，实际上就是提醒我们，在每个人类群体中，存在应该遵循的规则，只有遵守这些规则才能被认可为完整的成员。

从这一点看，完全有必要继续讨论"语法规则的超验论据"［Lemieux，2009］，即如果在我们所属社群中没有应该遵守的规则，那么我们关于世界的任何一种批判、我们的任何一种行为都是不可能存在的。承认这一论据的人认为，策略或者利益等概念，尽管某些社会学是以此为基础建立起来的，但从分析的角度看，都应该被视为次要概念，因为讨论策略或利益时，实际上要求首先存在一种可以对此加以讨论的唯实论的语法规则。如果一名研究者试图使用语法规定的概念，但却仅限于讨论那些对使用某个语法规则感兴趣的行动者，或在使用方面只说明一种策略的行动者，那他其实最终没有考虑这个概念的超验性特征。实用主义社会学的这种视

第二章 概念

野恰恰是一种整体性态度,与涂尔干思想相近。这种态度与那种认为社会学分析可以不考虑社会存在来考察人类行为的思想相对立。

社会

所有社会学有必要依赖"社会"这一概念展开研究,重申这一点,难道不会产生物化"社会"这一词汇以及它所掩盖的现实这种风险吗?实用主义社会学意识到这种危险,因此强调反本质主义原则。它认为社会不是物,而是一个过程。因此,布鲁诺·拉图尔明确指出,不存在群体,而只是存在再聚合。他认为,这不是放弃"社会"这个概念的原因,相反却是彻底改变我们对"社会"观念的原因,最终承认"社会的"不能被定义为"自然"的反面,而是一项一直在进行的结合人类与非人类力量的工作[Latour, 2005]。还有其他实用主义社会学家强调要求摆脱物化社会的倾向。他们认为,这种倾向显示了大部分社会学具有国家机器的特征。但是,他们以另一种方式开展研究,即将这种物化倾向作为自己的研究对象。在尊重内部主义原则的同时，他们跟踪政府内部的某些行动者——统计员——描写这些行动者所实施或调整的推理和技术，从而使社会成为一个能够不依赖社会措施而自我存在的客体［Desrosières & Thévenot, 1998；Didier, 2009］。

因此，社会或者民族文化被认为是"正在形成"的事物，它们不再是一些可能先验地推断出个体行为的概念。实际上，无论是法国人还是美国人，都不能肯定地说他们一定会使用他们所处的社会中关于这个问题典型的推理形式来批判不平等问题，或者，面对不公平的事情（无论他是目睹还是自己是不公平事件的受害者），他会毫无疑问地采取自己同伴普遍采取的态度。充其量，这种民族归属感只能让这样的事情有一个相对的可预见性［Lamont & Thévenot, 2000］。关于这一点，从实用主义社会学的角度看，重要的是承认，只有个体行为以及行为在个体之间引起的能力判断才能够体现观察者以及个体眼中的社会或者民族文化这样的事物。因为，如果个体不通过他们的行为和争执来表现他们遵循某些区别于其他社群的规则——一种语法规则——

· 第二章 概念 ·

那么如何描述这些社会或民族文化？我们又如何对此有所认知？其中的关键依然是分析性和政治性问题：因为从社会学角度看，这意味着完全接受民族社会的思想，但并不因此将民族本质化或者物化其所谓的"特征"。在这种特定条件下，实用主义社会学家有可能在不放弃反本质主义的原则下，使用"社会"这个词，而且还可以通过他们自己的视角而不是进化论思想的视角，重新提出历史进程中社会进化的问题。这就是布鲁诺·拉图尔以一种挑衅的方式明确指出"我们从未现代过"——这个"我们"指的是"我们的"社会——所做的研究，也是吕克·波尔坦斯基将我们的社会描写成"批判性的多元"社会时所做的研究。

* * *

我们通过对实用主义社会学的几个关键概念的介绍，勾勒了它的第二幅构图。很显然，我们无意对此进行详述。说实话，实用主义社会学家在他们的调查研究过程中发展出很多概念，它们同样值得加以阐释。但是,我们的目的不是完整阐释实用主义社会学的各种概念——而且这是一项不可能完成的工作。我们只是指出几个重要的思考领域(实践、冲突、社会),在这些领域中实用主义社会学以新型方式展开它概念化的研究。

第三章 方法

在这一章里,我们将通过实用主义社会学的方法描述向读者介绍它的第三幅构图。对于想探究这门社会学用途的人来说,这一章内容与前两章的内容同样重要。实际上,实用主义社会学这一新构图承认观察研究的合理性,如果没有观察研究——如果我们承认经验—概念化原则的话——社会学将是徒劳无益也是不可能的事。

走近社会世界

很多社会学的学生在面临要观察一个社会群体

或者机构生活的任务时,都会担心如何在自己的民族志调查笔记上记录一些重要事情的问题。比如,站在法国一座大城市的一个行政部门开放区,画好了地图,反而会感觉有些不知所措。当然,在他们面前会连续不断地出现各种事情:工作人员在他们的电脑上查询资料,打电话,与邻座同事开玩笑,轻轻敲打键盘,站起身去拿咖啡或者与同事交谈,等等。但是,这些都是每时每刻、日复一日都会预见的日常行为,以致有些学生会说,他们有种"什么也没有发生"的感觉。

然而,只要我们稍微努力一下,跟随这些人的活动和移动(内部主义原则),有条不紊地关注他们与其他人和周围物质环境的互动(抵抗原则),以及这些互动在他们身上引起的判断(能力原则),那么我们就能够开始观察到一些不太引人注意的情景中的元素。比如,当一名工作人员正在激烈地讲电话时,同事向他投来斥责的目光,这位工作人员注意到后会在电话里压低声音。还有,一位领导突然进来说要一份资料,被要求的工作人员回答说她会尽快交给他。当领导离开后,这位工作人员在他背后开始咒骂他。再或者，两位工作人员站起身来取外套，他们邻近的同事指着墙上的挂钟说："提前下班了？还不到点呢！"这些都是一些微检验（micro-épreuve），是些非常普通的检验，没有任何重要性。然而，在这些检验中，会有对人的判断，如果相关工作人员抓住机会将其普遍化的话，也都有可能产生上升为普遍性的过程。比如，我们可以想象一下第一个情景：讲电话的同事可能会说："你觉得我说话声大了？对不起，这儿只有我一个人在工作！"第二个情景，被要求提交材料的工作人员会叫喊："他们总塞给我们这些高强度的工作。我再也受不了这样的压力了！"或者两位急着下班的工作人员的同事明确表示他们的行为让人很恼火。

政治化过程的根源

如果有这样的反应产生，学生们也许会感觉有事情正在发生，因为此时微检验才开始成为一种强度检验。谁能说这件事不会继续扩大，其他同事不会参与进来支持对立者其中某一方，进而展开论证反对他的对手呢？或许此后，市政府的领导部门获知此事，接着告知职工代表，也许他们也会行动起来，这样经过公报和人事全体大会就会将原来一个小小的争执变成一件真正的事件。继而，第三方（政治议员、工会领导、媒体、公用事业用户协会等）也很快参与进来，关于法国一些大城市公共服务部门存在的问题召开国家听证会，这样一来也许还会引起一场"国家级检验"[Linhardt，2012]。

关于这个问题，我们在后面会加以讨论：因为正如实用主义社会学所构想的那样，这样的连锁反应在一个特定的社会领域也许不会发生，但是在另一领域就会发生，而明确阐释这样的事实并使这样的事实具有可预见性，这就是研究工作的基本点。目前，我们最好关注另一个问题：如果说，这样的整体动员场景会让很多学生认为他们终于有有趣的素材来描写社会世界的话，那么对于实用主义社会学家来说却并非如此。恰恰相反，实用主义社会学家要求不要等到日常生活中的微检验转变成重大的政治事件之后才考虑社会活动固有的冲突问题，其目的是要从根本上掌握政治化的过程，也就是从张力和混乱对于有关活动者来说还未构成整体性社会争议动机的时候起,因为那时活动者仅仅是互相指责无能力或者抱怨别人的行为,即冲突还限于个人和心理学的范畴。我们可以说,实用主义社会学的宗旨在于将现实政治化。意思是说,一切突如其来的微检验都有可能引起公开的冲突(当然往往也会出现这样的情况,即微检验不会产生冲突),而实用主义社会学就是从这种公开冲突的视角来考虑政治化问题。这也解释了为什么实用主义社会学家为了达到分析目的别无选择,只能创新描写技术。他们试图调整描述社会世界的方式:(1)充分接近行动过程,以便阐释构成行动过程的微检验;(2)关注上升为普遍性的过程,通过这些过程,微检验不断扩大最终成为大规模的政治检验;(3)关注社会机制,它们在行动者处理自己行为固有的冲突可能性中起着关键性作用。下面我们就讨论这三种描述性挑战。

"细描"颂

凯瑟琳·雷米(Catherine Rémy)在她的一本关于我们的社会中如何以"人性化"的方式处死动物

的著作中,采用了比较的方法展开分析。她选择调查三个场域:屠宰场、为宠物实施安乐死的兽医诊所以及常常有动物因为试验而"牺牲"(这是土著居民的说法)的生理实验室。在这些场域中,她预设处死动物的机制可能会不一样[Rémy, 2009]。该项研究的一个意义在于说明,尽管三个场域在机构组织方面具有重大区别,但在任何一个机构中处死动物都不是一个常规化的行为。即使在屠宰场,工业化的节奏管理着动物的死亡,人们本能地猜想这是一种"机械化"的方式,然而只要我们走近那些行为者,我们就可以描写他们努力将动物引领到死亡之地并杀死它们时他们与动物之间的互动。

这样的调查结果——反映了相关行动者不可能将处死牲畜视为普通化的行为——只有通过一种特殊的、对行为实践进行观察和描写的方式才能获取到,雷米将这种方式称为"细描"(description mince)。这一说法与克利福德·格尔茨(Clifford Geertz)提出的阐释人类学中极为重要的"浓描"(description épaisse)相对。浓描在于结合多个视角对行为或情景进行解释——这故意模糊了被观察对

第三章 方法

象和研究者的解释之间的区别——而细描却恰恰相反，它在于尽可能地将两者区别开。因此，它优先考虑内部主义原则，跟踪工作中的行动者，描写他们所遇到的情景（凯瑟琳·雷米说的内描写），并注意与活动的外部描述（外描写）相区别。它同时也强调抵抗原则，关注物质和肉体颠覆行动者所造就的世界表现的方式。因此，就像凯瑟琳·雷米所揭露的那样，正是因为动物总是能够违背人类习惯赋予它们的定义——比如，牲畜（甚至包括一些绝对的、被动的、可以操纵的物体）很顺从、很配合地接受它们的死亡——所以那些杀死动物的人在他们的行为中才会出现慌乱、犹豫，甚至有些紧张和粗暴。

处死动物总是一项检验——虽然当"一切进展顺利"时这只是一项微检验——随之而来（能力原则）的是参与此项工作的人往往会对他们各自面对这样的检验所表现出来的能力的评判。所以，在凯瑟琳·雷米所调查的屠宰场，能够杀牲畜的工人享有其他人无法享有的地位和威望——这就是雷米所说的"屠宰场的暗规"。在这样的工作领域，交叉评论虽然基本上是以人际间的形式展开的而不是政治性的，但也是常见的事情。但是，当我们更多关注可以观察到的评论过程时，我们发现存在一项规章制度，要求处死动物的方法和手段能够减轻动物的痛苦，处死动物时，需要有负责提醒这项规定的"监督员"在场，并要求遵守这项规则。这些往往会引起行动者将他们的分歧上升为普遍化的问题。实际上，当严格遵守这项规定与遵守生产节奏和生产率相矛盾时，屠宰场的员工开始揭露那些对他们进行处罚的规定，而他们的领导者则谴责他们实施非法屠杀（在那些采用这样方法的人看来，他们采用的措施可以更快更有效），或者相反，谴责他们的工作节奏不够快。为了弄清到底是什么限制了这种政治化过程，凯瑟琳·雷米强调了屠宰场这一机构的基本特性（但我们在兽医诊所和动物实验室也都发现这种特性），即在那里发生的事情，由于被认为是"不道德"的表现，实际上是被隐藏在公众视线之外的。最近在一些屠宰场发生的对动物施暴的丑闻似乎肯定了这一点：因为让公众看到了一些屠宰场行为的"盗图"（images "volées"），这才使得所谓的对动物进行"人性化"处死开始政治化。

第三章　方法

从细描到人类行动学的采访

实用主义社会学十分重视细描，这让人们猜想，通过他们的眼睛唯一可以收集经验性材料的方式就是"就地"观察。事实并非如此。实际上，对于实用主义社会学来说，任何一种经验性材料，无论是访谈、文献文本、档案还是调查数据，都是可以开发的，只要这些材料的生产方式，或者在没有生产方式的情况下，它们的分析方式遵循实用主义社会学的基础原则。因此，正如在民族志描述方面存在实用主义社会学细描这个概念所描述的特有风格一样，在访谈方面也存在其特有风格，我们可以称之为"人类行为学"风格。其特征在于不是将问题导向个体，如其策略或者轨迹，而是导向构成其行为实践（不是将行为实践视为一种信仰和常规）的微检验，导向必然会发生的批判过程（因此也就是导向实践固有的冲突性），导向被采访者工作的物质和机构设施对这一过程的管理所产生的影响。在文献、档案或者统计数据分析中同样也存在这样的人类行为学风格：实用主义社会学家摆脱一切客观主义，摆脱一切聚焦于个体策略性行为的方式，发挥以反还原论、能力和相对不确定性为原则的实践观念，在无声的文本和模糊的统计范畴之后，为行动者的实践理性留出自己的位置。

更好地理解/更好地自我理解

很多社会学的学生说,很难认真对待他们采访对象的话语,因为后者回答的问题在他们看来违背了布尔迪厄所说的"幻觉信念"(illusio)[Bourdieu, 1980]。比如,一些学生对布列塔尼的养猪者进行了一系列的采访,了解他们在职业中所遇到的困难。这些学生惊奇地发现,他们的采访对象中没有一个人关心环境保护者的论点是否恰当。当他们问到这个话题时,被采访者的回答总是强调他们认为提出向绿色猪肉生产发展的建议从经济角度考虑完全是异想天开,或者强调他们已经为减少硝酸盐的用量作了很多努力,密集的猪饲养已经将硝酸盐投入河里了。总之,据学生说,这些饲养者无法走出他们早已社团化的生产者逻辑。

努力提高距离感

"是不是只有我自己这么想?"这就是当研究者感觉他们所研究的行动者成为某种精神禁锢或者思

想盲区的受害者时,实用主义社会学要求研究者思考的问题。调查养猪者的那些学生,是否只有他们认为,这些养猪者对生产主义思想产生错觉,不明白这是一种无前途的思想?只要他们思考一下这样的问题,他们很快就会发现答案是否定的,因为在研究报告、论文、著作、研讨会或者公开声明中主张同样思想的人不计其数。而且,还有很多人支持相反的观点,认为放弃生产主义等于自杀,是一种后退。围绕生产主义这个问题产生的社会冲突在实用主义社会学上就是一个很好的研究议题。实际上,这个问题可以让我们实施对称性原则。根据这一原则,研究人员需要以同样严肃的态度处理他们不赞同的观点(在这种情况下,就是生产主义观点)和他们赞同的观点(反生产主义观点),而不以偏见的眼光看待前者缺乏科学性或者道德性,因为只有通过这种方法他们才可能揭示形成两个对立阵营之间——比如,在养猪者职业内部——不对称性构成的社会机制。

社会学的学生听到被采访者说的话感到愤慨,不是没有道理的。但是,他们应该接受的是,根据

实用主义社会学导论

实用主义社会学,不独是我们感到愤慨。我们应该肯定的是,在我们的社会里,有其他人(即使这些人有时是少数的),在我们之前,是赞同我们的行为理性的,赞同我们愤慨的理由。实际上,这些理由是根据社会条件产生的。因此,面对被采访者的回答,研究者保留自己的意见或者怀有敌对意见,这都不是他们自身"个人"的意见。相反,这些意见反映了他们属于一个集体,他们卷入那些相关的冲突中。在这一方面,我们可以这样总结其中的意义:面对"他们"(被采访者),不要自我理解为"我"(社会学家),而是要理解为"我们"(反生产主义者)在面对"他们"(生产主义者)——这是思考将我们(他们与我们)联系在一起的那种关系不可缺少的先决过程。同时,这也遵循了我们所说的反身性原则。甚至可以说,这是用一种虚假的中立态度来交换真正保持距离的努力。正是为了实现这种努力,实用主义社会学才在社会学理解方法方面进行创新。正如我们下面要阐述的那样,实用主义社会学试图调整研究行动者带有以下特性的思想、论证和信仰的方式,即(1)内部性;(2)对称性以及（3）反身性。

通过收集案例展开调查

弗朗西斯·沙托雷诺（Francis Chateauraynaud）曾研究了企业中员工和领导层之间分配企业倒闭和过错责任的方式，在这部著作中，他采用了收集文本的方法。他收集了二十世纪八十年代末巴黎地区发生的197件职业过失案件［Chateauraynaud，1991］。这里所说的"案件"（affaire）是实用主义社会学意义上的事件，不是法律意义定义的案件——即使大部分所研究的案件涉及劳资调解委员会——多数是社会学概念上的意思。从这个意义上说，案件是丑闻翻转的结果，产生了一个批判性公共空间，以及谁是受害者、谁是有罪之人的不确定性。沙托雷诺为每一项研究的案件做了一份档案，这份档案至少包括在观察研究状况下（比如，某一员工向劳动监察员或者工会常务委员提交诉讼）所做的记录。同时，在很多情况下，档案还包括行动者提交给法庭审理的材料，全部重新复印，连同补充调查材料（尤其是访谈录，如果可能的话，包括案件所有活动者的访谈录)一起整理。这份文本共收集了300件"佚事"——也可以说是"见证文本"——都是由新闻日报中提到的案件构成的。

这部著作的创新点在于,鉴于主要文本没有表现出其标准化特征,因此不可能采用传统的统计学方法处理,因为关于所研究的197件案件,实际上所收集到的相关资料既不详尽,性质也不统一,从统计学的角度讲,所研究的人群也不具有代表性。是否因此就应该放弃从中汲取可以普遍化的分析性陈述的希望?正如弗朗西斯·沙托雷诺所强调的那样,资料的异质性并不是障碍,反而可以被视为一种资源,用以检测某一分析框架的有效性。这种分析框架是以案例的系统冲突为基础逐渐构成的,其最终目的在于能够经得起其他补充案例可能引起的改变。在这一方面,沙托雷诺的方法尤其遵循了反还原论的原则,因为被研究的197件案件中,没有一件案例先验地被视为与其他案件相同,或者可以还原归属于某种普遍性的范畴。活动者自己为进行比较、将相关情景典型化而展开的工作可以成为调查研究的重要对象。弗朗西斯·沙托雷诺正是持这样的态度，才在二十世纪九十年代进一步深化发展一种新型的文本分析系统软件，因为这一软件的设计思想遵循了实用主义社会学的原则，所以他称之为"普洛斯彼罗"①（Prospéro）［Chateauraynaud，2003］。

在这部关注职业过失的著作中，作者的研究可以阐明机构和法律机制的重要性，因为在工作领域，这些机制无法让人和物的状况发生逆转，限制了质疑行动者应该成为什么样的人或者应该做什么的先决规定的机会。在这种状况下，一些分歧因素就不一定非要加以证明，因此被视为无可置疑的要求。总之，在这一点上，这是另一种考虑布尔迪厄所说的"象征性暴力"的方式，只是这里所说的"暴力"指的是人和物的状态不可逆转化的影响。而社会学家每次在将统治关系自然化时，自身也参与了这种不可逆转化过程［Chateauraynaud，1991，p. 405 – 407］。因

---

① 关于 Prospéro 软件的介绍和应用，可以参阅网站 http：//prosperologie. org/？ sit = 1。Prospéro 是"计算机实用主义、实验和反身社会学程序"（PROgramme de Sociologie Pragmatique，Expérimentale et Réflexive sur Ordinateur）的首字母缩写。——译者注

此，尽管要考虑在企业内部存在某些"事前契约"和"协议",事先将行动者和事物联系在一起,但重要的是不要物化这些"事前契约"和"协议",也就是说,不要预判行动者无法违背或者质疑这些规定的能力。

如果一名社会学家认定,在工作领域中发生的所有冲突,员工无论是有意识还是无意识一定是受害者,而他们的上级领导(或者他们所代表的领导层)一定是过错方的话,那么他一定不会认真考虑职业过失这个问题。在他眼中,职业过失仅是专制性结构,其真正的功能就是掩盖统治关系,在员工身上强加畏惧和顺从。而实用主义社会学所遵循的方法,正如弗朗西斯·沙托雷诺那部著作所呈现的那样,为批判性反思开启了另一个视角,因为它遵循对称性原则,以平等的态度对待冲突双方的论证理由,同时它还遵循内部主义原则,没有将行动者与外在的规定其关系的事物对立起来。比如,当一名残疾工人因为意识到无法胜任生产工作而被解雇时,当一名部门领导因为公开张贴单位成员缺席名单而遭到工会代表训斥时,当一名员工因为着装不整对自己负责的设备缺乏维修而遭到领导指责时,

· 第三章 方法 ·

不确定性对这些情景会产生影响,社会学家不应当因为自己确定所谓的"无可争议"的事实就加以直接吸收——这有可能"单纯地简单地摧毁调查对象"[Chateauraynaud,1991,p.23]。在分析行动者为了制造事件的事实性,确定因果关系,将分歧的解释延伸到其他状况上是如何行事的同时,我们的目的在于理解社会中通过怎样的社会和机构机制,某些人被认定为对某些过失负有责任,甚至在某些情况下,他们自己诉求负有一定的责任,希望通过这种方式来证明某种工作自主性[Lagneau,2010]。

总之,社会学家应该不断地以能力原则为出发点进行思考。尽管在一起冲突中所有相关行动者都不具备——正相反——相同的能力,但事实上,在出现相反证据之前,这并不影响大家发挥某些能力。而且,这些能力的发展程度也不能事先明确地确定下来,只有介入其中的个体检验才能够将其表现出来。从这个角度看,不可能因为某些行动者由于早先的教育而独占批判能力,而另一些行动者由于缺乏教育而不具备批判能力,从而就预测和解释行动者之间的不平等性,因为这种思想会遭到方法原则所排斥。某些机构和法律机制会使人更难以质疑某些人和物的状态，我们正是应该以这一事实为基础来考虑不平等性问题。从这个意义上讲，我们的方法倾向于机制的"内部批判"，因为从原则上说，实用主义社会学家承认所有行动者，无论是有理的人还是无理的人都具有同样的合理性。在这种情况下，批判对象应该是机制本身，因为这种机制以多少有些不公平的方式来安排组织检验，倾听和关注一方而忽略了另一方。

不要从应该结束的地方开始

社会学的学生往往认为，开始着手讨论自己的研究议题，应该对其研究结果有一个明确的想法。比如，在研究巴黎郊区一所中学的运行情况时，他们事先知道，教师在面对底层出身的家长时，他的解释显得更加直接，也没有那么及时。但面对受过高等教育的家长时，却并非如此。同时他们也知道，由于这所学校的大多数教师来自中高等阶层，这也解释了这种不平等对待的原因。最后，他们为自己提出一个目标，就是要揭露这所学校里对普通阶层实施教育的方式，也就是说，教师试图向普通阶层的孩子，包括他们的父母，教授一些"良好的"行为，打消他们质疑已建立起来的权威关系的希望。在实用主义社会学看来，这是本末倒置，因为研究人员还没有开始观察学校里的活动和配置，就已经企图解释和预测学校的运行机制。他还没有明白个体的行为逻辑就自认为可以评论他们的行为。更为让人感到不舒服的是，这样本末倒置的方法根本不可能耕耘任何畦陇，因为他早已知晓，面对普通阶层的家长，教师一定会表现得很直接。调查者只是记录了这样的状况而已，从而忽略其他没有被证实的状况。同样，因为他知道在这所学校里要揭露的是对普通阶层规定的教育问题，因此他认为没必要研究行动者自己开展的批判活动——比如，关于对学生和家长所采取的态度，教师自己内部之间相互的评论。

实用主义社会学的一项重要贡献在于让人想起社会学研究中，从方法论的角度看，任务的首要特征，即我们所说的"技术方面的首要任务"（TTP）。这一方面是行为描述，另一方面是对行为的理解[Lemieux，2009]。从技术方面说，这些任务应该被视为首要任务，就如同牛一定是用来拉犁的一样，只有实现了这些任务才可能执行技术方面的次要任务（TTS），即行为预测、解释和评论。这样的态度没有任何绝对的创新。它尤其符合韦伯的观点[Weber, 1922],即在于不将行动的理解视为一种自身的目的,而视为一种解释行动因果关系的方法——说实话,也是唯一可能的方法。关于这一点,实用主义社会学不仅反对那些认为无需事先关注行动者的行为,对其进行细致描写和系统性的理解就可以从社会学的角度预测、解释和评论社会世界的方法,而且它还反对一些研究者所采取的方法,即想把社会学的宗旨还原成只是对"技术方面的首要任务"的执行,认为技术方面的次要任务并不必要,甚至在误解的情况下,认为次要任务有些危险,可能阻碍了首要任务。然而,对于实用主义社会学家——依据常人方法学的某些解释,这是他们之间的明显区别——如果说社会学值得花时间来研究的话,那是因为它的任务不仅是描述性和理解性的,而且,尤其最终是预言性的、解释性的和批判性的。

技术方面的首要任务和次要任务的衔接:行动的语法规则分析

我们在一本分析当代记者工作发展变化的书中,

第三章 方法

试图提出一种媒体批评方式,其特征就是建立在以社会学的描写和理解为首要任务的基础之上［Lemieux,2000］。该研究以三项民族志调查为基础,每项调查持续好几个月,在三个不同的编辑部展开,包括《世界报》的政治新闻部门、法国电视二台的政治节目组、西南地区日报社的一个分社。深入被调查者的世界中可以详细描写构成其日常工作网络结构的微检验以及规范他们判断——比如,当他们要决定某一新闻的重要性或者什么是最好的处理方式的时候——的机构。调查完成了对大约15件规模不同、突然出现在不同类型的新闻媒体部门的事件的研究。在这些事件中,记者被指责在职业方面表现不当。我们与这些事件的主要活动者(被指责的记者,同时还有诽谤者,包括信息提供者、公众人员及同类人员)展开了225次访谈,目的是要厘清到底是什么促使后者抱怨前者的工作,是什么让前者认为他们没有像后者所证明的那样有不当行为。

当完成这些描述性和理解性工作后,如何开展第二项工作?该书提出的一个解决办法就是采用我们所说的"行为语法规则分析"的分析方法。这种方法在于将所研究的行为者的行为和判断与他们所在的群体期待遵循的整体规范（或者语法规则）联系起来，如果违背了这些规范就要按规定受到惩罚。这些语法规则不是与行为者活动处于断裂或外在关系的一种模型化结果。相反，这是行为者自己每次当他们彼此谴责行为不当时，让研究人员可以鉴别出来的规则。因此，这样的方法遵循内部主义原则。但是，它同时关注体现相对不确定性原则，因为人们期待遵守规则的想法将分析导向规律性的存在，因此也就存在对行为和判断的某种可预见性。这样，在行为描写和行动预测之间可以建立一座桥梁。以行为语法规则分析为基础，就可以预测如果一名行为者无论以什么理由触犯了某一情景的某项规定（比如，一名采访者在公开场合与某位政治人物表现得过于亲密），他就有可能因此受到其同伴（其他记者、公众成员等）的惩罚。另外，还可以预测，某些机制在某种情况下，无论在他们的群体中如何遵循两项规则，都会使个体倾向于优先遵循某项规则（比如，非竞争超越）而损害另一项规则（比如，信息重组）的利益。

实用主义社会学与统计学

人们都认为,社会学要以客观的方式理解社会事实,很难忽略统计方法 [Héran, 1984]。实用主义社会学不反对这种说法。然而,它要求有两种转移:一是拒绝客观主义,这促使实用主义社会学按照统计范畴塑造的方式进行调查 [Desrosières & Thévenot, 1988],同时按照统计学家作为社会实践的工作方式对待检验 [Didier, 2009];二是承认技术方面的首要任务的优先权,这让它同等对待统计学的贡献以及预言性任务。实际上,统计学没有描述处在情景中的行为,它只是记录了行为迹象。因此,统计学无法掌握行动过程中的内在动力和主导实践的指示性逻辑。相反,统计学的预言性力量却是其他学科无法比拟的。另外,如果研究者不仅采用统计学的方法,而且还采用人类行为学的方法,让他重新回到自己拥有的聚合指数数字的情景和实践理性上的话,那么统计学的预言性会表现出更加强大的力量。从这个角度看,可以进一步挖掘统计数据,因为统计数据是从语法规则特征中提取出来的,因此它的编码保留了这些"语法规则"特征 [Laffont, 即将出版]。

语法规则的概念同时也可以将行为描述与行动倾向的解释联系在一起。在我们提到的那本书中,我们用了一章的内容,以历史学家的研究为基础,重新梳理了"两个半世纪以来对记者工作的评论和辩护",其意义在于阐明新闻领域的活力。自十八世纪末以来,法国新闻工作者在整个社会推广他们的权利和特权,以促进资本主义和民主化持续发展扩大的运动,这样往往会在行会内部引起道德和政治危机 [Lemieux,2000,p. 23 - 69]。通过这一视角,我们可以发现法国记者如今努力遵循的规则体系的起源,同时也揭露了他们世代相传的社会机制,一种创造性重新占有而不是完全复制的机制。社会学家通过民族志观察,化身历史学家,将记者与记者职业最古老的历史阶层中出现的行为倾向联系起来,研究他们的传承,通过这种方法来解释社会学家眼中所看到的记者们的行为倾向(关于用类似的方法来研究议会活动的研究,参阅 Heurtin,1999)。

自此,研究者完全可以将对行为的理解和对机构的批评联系起来。实际上,充分完成理解任务可以为社会批判奠定基础,这一基础不仅建立在批判

· 第三章 方法 ·

对象——群体的外部情景的标准和规定之上,而且可以建立在它自己规定情景的标准和方式之上。这种方法被称为"内部批判",其特性在于只有以理解性迂回的方法才有可能实现。这意味着,在每个社会群体中,存在某些距离规则(或者"公共语法"规则)。依靠这些规则,从每个成员都可以接受的角度看,可以证明,在他们的实际行为和与这些规则相关的道德期望之间,存在一定的矛盾。因此,人们就需要发挥解释性和预言性分析作用:它们可以进一步预测,如果以某种方式对机制加以调整的话,那么对于经历过或者遭受其痛苦的行动者来说,矛盾就会变小[Lemieux,2000,p. 451–454]。

* * *

至此,读者大概已经明白:通过对实用主义社会学优先考虑的调查方法的介绍,实用主义社会学的第三幅构图与前两幅构图一起,形成了一个三部曲,很难摘下其中一幅构图让其独自发挥作用。我们刚刚阐述的方法论思想,如果不从我们在第一章中介绍的原则角度考虑，也不从第二章介绍的某些概念角度考虑，那它将不具有任何恰当性。相反也是一样的：理论原则在方法论方面不会产生任何效果，同样，没有经过观察性研究锻造的概念本身也只是思辨对象，与社会学所表现的经验—概念意图相差甚远。

第四章 研究领域

在这一章里,我们将通过实用主义社会学在不同研究领域中产生的影响来介绍实用主义社会学第四幅也是最后一幅构图。通过数量有限的几个研究案例,我们的目的在于说明实用主义社会学家沿着他们的问题和研究方法,产生的考察视角转移问题。因为篇幅有限,我们只集中讨论几个研究领域,当然,其他领域(参阅文本框的内容)同样也值得提出讨论。同时,我们决定只借助个别学者的著作来勾勒第四幅构图,而不扩展到那些同样值得引用的大量出版物、学术论文以及博士论文。最后,文中所提到的每个领域中相关著作有可能会有遗漏,希望作者们原谅我们的疏忽。

> **关于本书中没有提到的研究领域**
>
> 从历史的角度看，实用主义社会学中有一个研究领域占据了它的中心位置，我们在这一章不会提及，那就是科学与技术领域，它是米歇尔·卡隆和布鲁诺·拉图尔，或者更广泛地说，是巴黎矿业学院创新社会学研究中心的研究彻底颠覆的领域[参阅 Latour, 1984; 1987; 1992; Callon, 1986; Akrich, 1989]。感兴趣的读者可以翻阅多米尼克·派斯特尔（Dominique Pestre）关于《科学研究》[Pestre, 2006]一书的论述。其他研究领域也很重要，也应该被提及的，其中包括教育 [Derouet, 1992; Garnier, 1995]、宗教 [Piette, 1999; Claverie, 2003]、体育 [Duret & Trabal, 2001] 和社会劳动 [Cefaï & Gardella, 2011]。

劳动

关于劳动的当代反思在两个方面游移不定：一

· 第四章　研究领域·

是对劳动者异化以及技术对真实世界的侵入的普遍性批判；二是美化技术，无视劳动场域中存在暴力现象的实用观点。尼古拉·杜迪耶（Nicolas Dodier）在一家专门生产金属桶的企业展开几个月的民族志调查，试图摆脱二选一的困境［Dodier，1995］。埃德加·爱伦·坡（Edgar A. Poe）讲述了一个梅泽尔象棋手的故事——一个无往不胜的象棋机器人其真实身份是人（魔术师）。杜迪耶从这个故事的寓意中汲取灵感，明确指出他的企图："在公众面前看起来自主平滑的机器，实际上是人扭转肢体让其运行，而且还要隐藏人（魔术师）的存在。从外面看，人们总是惊叹各种部件被完美无误地组织安排起来，排放整齐，协调一致；从里面看，人们发现黏合的零部件，沙沙作响，卡顿不畅，粗糙凸凹"［Dodier，1995，p. 4 - 5］。也许这才是关于实用主义社会学家描述工作的最好定义：进入机器当中——换句话说，打开机构和机制的黑匣子——挖掘其中的杂乱和结构性微检验。

然而，这与社会学领域对集体工作的民族志调查所采用的方法完全不同。实用主义社会学所主张的方法区别在于，它是建立在反还原论原则基础上，坚持不要将工作还原成"纯粹的"技术手段活动，也就是说，没有任何道德反思的活动。因此，杜迪耶强调，当研究者忽略生产活动的道德层面，无视劳动者的正义感（无论是在行动中表现的正义感还是在技术事故之后纠责过程中表现的正义感）时，他有可能单纯"将介入技术运作的人视为操作者，发挥其适应环境的功能性认知能力"[Dodier, 1995, p.5]，因此也就无法将行为者和政治化过程联系起来。然而，即使是以稍纵即逝的方式，政治化过程也会出现在生产过程中。

遵循能力原则是区别劳动社会实践方法的另一方面。劳动者在他与要完成的工作之间的行为关系中不是机械的，而是发挥了他的技能和能力的。在尼古拉·杜迪耶所说的"技术熟练场"中，这种技能和能力的公开表现源自同行对他"精湛的技艺"或者"无能力"的判断。只有通过对生产过程的"细描"（参阅第三章）才能揭示劳动的这一基础层面，因为只有"细描"才能透过日常活动的功能性表象呈现出行动者，比如梅泽尔的象棋手需要克服的

· 第四章　研究领域 ·

重复出现的微检验（围困、破坏、客人的拒绝等）。

总而言之，实用主义社会学反映了劳动者既不是机器，也不是异化的生物，而是人，是这门社会学意义上所说的人。被承认是人——也就是，被他者承认自己拥有一种自己行为不能穷尽的力量——对劳动者来说具有最基本的意义。即使在实现一些最徒劳无益的任务中，这种思想也一直支配着他们的尊严和自尊。正是这个原因，实用主义社会学才能够批判某些劳动制度是暴力的发生器：因为是这些制度限制了行动者被视为人的机会，因此也引起尼古拉·杜迪耶所说的"无效检验"（épreuves entachées）。所要求的精湛技艺不再是展示其能力的无限性和多元性的机会，相反，它将劳动者局限在一个唯一的单一行为模式中。

另外，关于其他遵循实用主义社会学原则而进行的劳动领域的观察研究案例，读者可以参阅弗朗西斯·沙托雷诺［Chateauraynaud, 1991］、弗朗索瓦·艾玛尔-杜维内和埃马纽埃尔·马沙尔［Eymard-Duvernay & Marchal, 1997］、卡特琳娜·雷米［Rémy, 2009］、卡罗琳娜·塔沙利［Datchary,

2011］以及亚历山大·比戴［Bidet, 2011］的研究。

经济

将经济视为一种现象范畴，其规律等同于科学从自然中抽离出来的规律一样，这是很平常的事情。其中涉及的因果关系并不依靠人类的解释，就像由于地球引力，向空中抛出一块石头最终会再次落到地面一样。最后，由于经济分析阐述了一些无可争议的事实真相（即使有时很难承认这一点），因此它能够摆脱那些在公共辩论中司空见惯并引起舆论分歧的价值和利益冲突。

实用主义社会学的观点时常与这种观念形成鲜明对比。另外，这可以让我们认识到本雅明·勒慕纳关于法国公共债务调查的重要性［Lemoine, 2016］。在他的著作中，社会学家勒慕纳试图阐明经济事物的必要形式是如何在社会层面产生的。在必要情况下，政府不得不诉求金融市场。因此，政府被置于国际评定事务所的监管之下，并定期要求实施严苛的预算政策。勒慕纳的方法重点在于依据反本质主

· 第四章 研究领域 ·

义原则:因为诉求金融市场的必要性不能够被视为自然而然的事情,而应该被理解为社会过程产生的结果,对此,调查者需要考察它是如何通过一个个检验与我们了解的形式相结合的。因此,同时被启用的还有相对不确定原则,因为在金融市场方面依靠政府是不可避免的。这种不可避免性即使很难否认,但一旦开始对政府产生依赖,社会学家就应该努力理解他所研究的现象的现实性——过去的和现在的——同时辨别它随时出现的不确定性和潜在的可逆转性。

本雅明·勒慕纳采用内部主义原则方法,对法国和欧洲一些高级官员进行了一系列采访。他是通过有关机构的内部组合、办公室之间的斗争以及各个部门之间的技术交锋,来了解负责调解政府与金融市场之间关系的行动者所遇到的问题,这样就重构了这些领域中内部产生的无数个微争议。这些领域往往远离市民的视线,也不为他们所知,但在二十世纪八十年代,即使当时相关行动者没有一人提出一项真正的规划,但结果却是提出了一项新的秩序并且提供了充分合理的理由:那就是市场债务秩序。这次，抵抗原则起到关键作用，它让人摒弃了自然主义思想，但却不会因此而落入"去现实化"的结构主义窠臼中：作者尤其关注机制的物质性问题（财务工具、建立账户技术、公开数字的手段、预算的未来模式设计等），阐释了机制的物质性如何限制行动者提出反对意见，对某些判断提出疑议的能力——这些疑议有可能被视为"理所当然"，因为它们被整合到那些用于将现实问题化的物质性工具基础设施当中。

在二十世纪七十年代，债务投放市场成为政府公共金融项目。今天，这一技术取得胜利，排挤了其他可能性。但是，它却没有完全的保障，因为众所周知，它依然受强烈的社会批评所约束。从这个角度看，本雅明·勒慕纳的方法让人了解这一胜利缺乏自然必要性的原因，同时明白为什么很难对此提出异议。金融权力外部整体评论之所以难以卷入保障权力的机制当中，或许是因为它并不熟悉能够让这一秩序变得强大、坚不可摧的中间操作和技术配置的水平。这恰恰是实施实用主义社会学方法的意义所在：它注重考虑"通过债务问题调解链条进入"的问题[Lemoine, 2016, p. 295]。这种方法要求将注意力转移到中间操作和技术配置层面,引起新的批评,这些批评并不是建立在先验地取缔借贷金融方式的基础上,而是建立在必须在他们的管理机制中重新恢复技术多元化,与市民展开讨论的基础上。

关于其他符合实用主义社会学原则的经济社会学观察研究案例,读者可以参阅米歇尔·卡隆[Callon, 1998; 2013; 2017]、珍妮·拉扎勒斯[Lazarus, 2012]、埃马纽埃尔·凯苏[Kessous, 2012]以及法比安·姆尼埃萨[Muniesa, 2014]的研究。

政府

当政府社会学研究不想揭露那些服务于社会统治的镇压机器时,它往往表现为对官僚主义权力的分析。这其实是放弃了涂尔干的研究路径,即在于通过政府发现社会的反思机器[Durkheim, 1950]。实用主义社会学企图重新恢复这种长期被遗忘的选择路径。这一方面是由内部主义方法所引导,因为这种方法要求必须密切跟踪政府公务人员而不满足于对他们行为的"外在"描述;另一方面由反还原论原则所引导,因为很难相信只在政府中看到统治机器,在官僚主义中只看到权力关系执行场所。塞德里克·莫罗·德·拜兰曾专心研究过法国警察的活动 [Moreau de Bellaing, 2016],他的研究很好地展示了这一方法。莫罗·德·拜兰用了很长时间在警察培训学校和法国警察纪律服务总署(IGS)——以"警察的警察"著称的部门(也是由这个部门负责预审那些控告警察的诉讼案件)——做民族志调查。他的方法创新点在于他并不是研究与警察暴力相关的问题或者研究警察突然产生的异常举动,而是分析警察机构关于非法使用权力问题的反身性形式。这就不得不相信行动者——在这种情况下指的是被研究的警察——具有对自己行为进行批判的能力,因而并不排除警察自己在面对一些警察使用权力时会感到愤慨的情况。这样,也就意味着不局限于分析警察在权力和策略关系背景下的行为方式,同时也要分析从某种意义上说能够凸显他们正义感

· 第四章　研究领域 ·

和反思动力的行为。

　　这种反还原论的态度与内部主义调查研究的方法相遇，后者在于关注受训警察在面对学习使用武力时的考验如何反应，或者研究法国警察纪律服务总署的调查员如何阐释向他们揭发的暴力行为，如何审问起诉人和证人，如何建档，如何试图建立从法律角度可以接受的证据。这样，机构划分合法暴力和非法暴力的方式就可以具体明确地规定下来。仅根据法国警察纪律服务总署这一部门的数据，我们就发现，控诉警察暴力的诉状数量与实际惩罚数量之间严重失调。根据实际调查真正宣布的惩罚数量较少，而警察执行公务之外使用暴力受到惩罚的比例明显居多，还有贪污受贿或者道德败坏行为的比例也明显居多，这些都表现了行动者正义感的主要构成成分。也就是说，对于他们来说，警察的暴力其实并不是应该受到指责的，而应该受到惩罚的恰恰是只以个人名义而不是以"公共力量"的名义实施暴力。这项调查最终的结果是分析警察行为的实践依据，说明在哪些方面警察的实践依据依靠非私人化（或者换句话说，公开）的要求。这种要求，虽然其本身没有权力约束警察行为,但可以限制他们为自己的行为(公众眼中的行为和他们自己眼中的行为)进行辩护。

公开性的要求非常重要,理解这一点,为在新的基础上重新推动批判警察伤害人的尊严和人身权的行为提供了一个支撑依据。如果说,揭露警察的暴力行为很难说服警察机构,说他以暴力的方式行事是错误的话,那么相反,向他重新展示,他曾在某个时候私自使用武力,而且在实施武力时,没有任何可以描述的公共需要,这种理由就有可能触及其根本道德问题。我们在讨论内部主义原则时,看到这一原则并没有让人们与社会世界状态断绝联系,因为遵循这一原则的意义在于为自身提供一些加强我们对机构制度批评的手段。这可以更好地理解,虽然在机构内部展开的道德生活经常限制听取来自外部的道德依据,但我们依然可以依靠机构内部的道德生活更好地来接受它。

读者如想要了解其他关于政府功能,并且在遵循实用主义社会学原则基础上展开的相关研究,可以参阅让-菲利普·厄尔坦[Heurtin, 1999]、布鲁诺·拉图尔［Latour, 2002］以及华林山和伊莎贝尔·蒂罗［Hua & Thireau, 2010］等人的著作。

社会运动

大部分关于社会运动的研究都是将行动者在诉求行为中的介入与他们的策略、算计和个体利益（无论这些是有意识还是无意识而为的）联系起来。实用主义社会学遵循反还原论原则，提出一种不同的方法。实用社会主义学研究学者认为，当行动者开始被动员起来时，他们会发现存在某种超越他们个体状况而将他们联系在一起的团结互助力量——如果必要的话，可以解释为某种"利益"观念，某种"共同"的利益——，正是发现了这一点才构成要研究的现象。同样，也正是他们发现了通过集体行为，社会秩序可以被去自然化。在与现实、与他人以及与自我的关系中，策略主义方法所忽略的正是这种双重变化，因为策略主义方法将个体行为与认知的唯一形式——个体利益形式——联系起来，而没有考虑行动者自己也可以从这种形式过渡到另一种形式,从社会角度上看更具有反身性。

安娜·科林·列别捷夫曾出版了一部关于俄罗斯士兵母亲运动的著作 [Colin Lebedev, 2013],这部著作很好地展示了实用主义社会学可以创新关于活动分子行为研究的方法。为了完成这项工作,科林·列别捷夫展开多年调查,期间她定期参访莫斯科的一个协会,通过个案向我们介绍活动分子行为的某些张力。这部著作的中心问题是试图理解,建立在亲密关系基础上的诉求(母亲面对军队权力维护儿子的利益)如何引发公共行为,上升为普遍化问题,也就是说,如我们在第二章中所述,这是一项脱离人员和地方性的工作。研究要考察的正是从亲近关系到一般性过渡所遭遇的困难,同时还有实现过渡的能力。这种能力是协会成员逐步获取并付诸实施的一种能力。最后还要阐明在这一过渡过程中所采取的各种形式以及完成过渡所依靠的物质和组织性依托。

在这项工作中,充分起作用的是多元性原则。士兵及其亲属向委员会的诉求具有共同的社会性特征,因为他们一般都出身普通阶层。在对这一事实

· 第四章 研究领域 ·

进行客观化描述时,研究通常会从他们的状况和诉求多样性出发,因为正是这种多样性构成协会成员的实际问题。这种进入主题的方法可以关注活动分子为了让不同诉求"保持整体性"[Colin Lebedev, 2013, p. 77],使其服务于唯一共同的目标而展开的工作——这项工作尤其是通过重新系统地确定各种状况的性质、创立新的实践范畴来完成。多元化同时也被用于另一层面的分析,即参加协会的形式。事实上,安娜·科林·列别捷夫的研究让我们远离了活动分子介入的双重视角,即只有两种态度的视角:或者介入,或者不介入。在这里,分析行为更多的在于,人们会自然而然地考虑士兵的母亲们参加委员会活动的方式的多样性以及涉及程度的多样化,从而表现活动分子介入的统一性以及协会的凝聚力,这些都具有很强的行为表现。

安娜·科林·列别捷夫指出,当代俄罗斯很多观察者对赋予类似士兵母亲委员会这样的协会以公民运动身份这个问题上持有保留意见。那是因为他们认为,依恋亲人的表述,或者接受某种等级隶属关系,当这些发生在公共介入行为(比如,士兵的母亲们与军方代表谈判过程）中时，必然会具有不完善性或者局限性。在这里，我们发现，根据我们前面所定义的内部主义原则和反身性原则，它们之间存在密切的联系：安娜·科林·列别捷夫遵循行动者自己所界定的"介入"的定义，从而认真考虑他们从事政治活动的方式——即使政治违背了我们自由民主十分重视的"保持距离"的态度——通过这样一项研究工作，她为我们提供了反思我们自己对于政治的标准化期待的方法。她的分析尤其让我们明白，政治科学往往取决于与公民参与和个体权利的自由模式相关的概念，将这些概念草率地应用于不相关的活动形式中去描述活动者，这只能造成缺失和滞后。而且，这些概念也可能妨碍我们重新认识，最符合自由期望的公民运动，其发展运动同时源自对亲属的某些依赖，有时甚至源自对等级隶属关系的接受。

读者如想要了解其他关于社会运动，并且在遵循实用主义社会学原则基础上展开的相关研究，可以参阅珍妮娜·巴博特［Barbot, 2002］和雅尼克·巴特［Barthe, 2017］的著作。

· 第四章　研究领域 ·

环境与风险

　　人类所遭受的技术、卫生以及环境风险往往归咎于工业集团和技术专家政治。两者主观地（阴谋论假设）或者至少客观地（社会学假设）联合起来，避免他们的活动及其短期和长期产生的危害受过多的民主所监控。我们没必要否认这一观点，关于这些问题的实用主义社会学研究已经通过对称性原则和内部主义原则做过研究，反对他们过早地下结论。这种方法以更加细致的方式阐明社会机制，因为一些不对称现象正是通过这些社会机制在风险管理的不同行为者之间产生并维持下来，但有时也会被弱化。

　　这就是雅尼克·巴特的研究中所展现的问题。他的研究主要关注法国公共权力机关处理核工业废料的方式［Barthe, 2006］。作者解释说，直到二十世纪九十年代，对这些废料的处理问题依然是一个不可避免的选择。在专家和政治决策者看来，只有唯一一种技术解决办法，那就是地质储存。在这种条件下，为什么地质储存的方法会被人们再次质疑，成为"逆转化"(réversibilisation)的讨论话题,导致法国在1991年底要投票决议立法,重新进行选择?这个问题非常重要:因为科学和技术进步以及专家鉴定的发展往往被视为政治的消亡,而有利于技术官僚权力的发展。而且,人们还注意到,三十多年以来,很多最近看起来只属于专家权限的问题开始成为"政治"问题。如何解释这一现象?表面上看民主权力重新掌握技术选择,但它的局限性是什么?

要回答这些问题,雅尼克·巴特在他研究的特殊案例中采用了内部主义的方法,他采访了涉及地质淹埋这一选择翻转化过程的不同参与者(政治议员、科学专家、高级官员、活动者等),他们或者企图强化这一转化,或者相反,想要阻止这种转化。调查方法符合对称性和反还原论的原则,争论各方的论据都得到同样的重视,而不是直接选择关注身后的利益和策略——这一任务留给了行动者,另外,他们也没有放弃这些利益和策略。同样,人们还遵循抵抗原则,因为核物质材料及其长期危害的管理所提出的技术困难并没有"与现实脱节"。

第四章 研究领域

实用主义社会学家认为，不仅要超越对技术选择在其"政治化"之前所享有的所谓不可逆转性的简单认定，而且还要超越1991年法律确立的可逆转性只是一种幻想的观念。事实上，这两种态度具有一个共同点，就是将地质储存的倡导者们所享有的主导权自然化。在这一方面，这两种态度与反本质主义原则及相对不确定性原则都不兼容。只有悬置这两种态度，才可能理解"技术不可逆转性"和权力不对称性是如何建立起来，又是如何解体的。因此，技术选择的不可逆转性随着两个方面的变化逐渐消退：一是政治负责人和技术解决办法的生产者之间越来越明显的分离；二是评议机构网络开始面向其他相关行动者，比如地方议员和协会负责人，尤其是其他有能力调动替代知识技术的专家。雅尼克·巴特认为，我们甚至可以在选择的可逆化过程中发现过度膨胀的不可逆化所产生的矛盾影响，因为过度的不可逆化使技术决定变得"无可争议"，以致除了批判其根源和整体性外别无他法来讨论。

目前，气候变暖威胁着整个地球，从这一点看，某些工业和技术选择看起来似乎不可逆转，它们导致一切可能的行动，甚至是一切颠倒历史过程的思想。雅尼克·巴特的研究可以避免这一方面的宿命论，尽管他并没有要求我们保持一种怡然自得的乐观主义态度。事实上他说明了，已通过的决定并没有决定目前政策和未来行动的权力，这与某些路径依赖理论（path dependence）的阐释及其所建议的相反。他同时指出，在技术选择和风险管理方面，似乎正出现一种新的、表现为"谨慎原则"的权力实施方式，这种方式在于对未来可能的决定持开放态度。这种"不抉择的权力"——其含义并非拒绝做决定，而是担心未来可能还有另一种选择的可能性——一方面要时常经受技术和专家鉴定各种决议的检验，另一方面要不断整合到需要做出决定的团队的决议程序中。这里描绘了"民主民主化"［Callon et al., 2001］的前景，这一前景像它反对的事物一样，很显然也不能被视为一种必然的结局。

读者如果想了解在实用主义社会学视野下展开的其他关于风险管理的相关研究，可以参阅弗朗西斯·沙托雷诺和迪迪埃·托尼［Chateauraynaud & Torny, 1999］以及让-诺埃尔·汝泽尔［Jouzel,

2012]的著作。

卫生

医学与疾病社会学的一个中心问题是,在治疗关系中,受治疗人员是如何承认治疗人员的权威并对其产生信任的。在当代社会中,这种认可和信任可以被理解为医护人员和没有受过什么教育的病人(他们由于没有感觉到允许提出异议甚至可以要求解释,因此表现出顺从的样子)之间的一种控制关系,同时也可以被理解为,当针对的是一些受过高等教育的病人,那就是他们与医生建立的社会亲密关系。在这里,实用主义社会学提出一种不同的方法。根据能力原则,承认权威,产生信任,这两种行为与行动者的批判和反思能力分不开。在这种关系下,只局限于将权威和信任解释为两条社会轨迹相遇的机械性影响,其实就是模糊这样一项工作,即互动中的个体,一方面依靠他们从他者和环境中所观察到的表象,另一方面依靠他们对曾经经历过的考验的记忆,对将他们联系在一起的情景作出阐释。

这就是埃马纽埃尔·费利永在其关于血友病领域中发生的"传染病血液事件"的那本书中提出的观点[Fillion, 2009]。在二十世纪八十年代初,血友病这个医学领域还很小,也比较封闭,但具有很强的凝聚力。据估计,在当时法国,血友病患者大概有5000人左右,负责治疗的医生人数也不超过40人。然而,就在这个很少向外界开放,但很严谨、具有清晰辨识度的"小世界"中,发生了一场艾滋病病毒输液传染并很快引起血液感染的事件,震惊世人。在此之前,血友病医生与患者及其家人之间一直保持着"家人"的关系。由于医疗行为而引起的艾滋病病毒感染,尽管没有根本性地损害这种关系,但往往会引起人们重新评估这种非常个性化的治疗关系,让人感到非常难受。费利永指出,这曾经是患者面对医生——"他们觉得医生都很尽职尽责,和蔼可亲"——的情况,同时也有医生方面的情况,他们"认为患者没有抱怨他们,他们非常感激"[Fillion, 2009, p. 29]。

因此,费利永对医疗卫生领域的工作人员、血友病患者及其亲属展开了一百多次访谈。费利永在

· 第四章　研究领域 ·

负责血友病的各种机构中进行观察，通过这些调查研究，她试图了解血液感染事件对血友病这个特殊领域中的治疗关系到底"做了"什么。通过优先考虑"事件"（affaire，这个概念包含了实用主义社会学意义）这个概念进入血友病领域，考察这个领域的行动者如何将连接他们彼此联系的这种信任和权威关系去自然化，哪怕在新的基础上重建一种关系。这种调查方法依据权威和信任总是"正在建立"或者正在解散的思想，遵循反本质主义原则。从这一点看，这种方法可以避免进行"两种对立的解读，这两种解读都具有还原性，是关于血液感染事件通常流行的解释"。也就是，一种认为"什么也没有发生变化"，另一种认为"一切再也回不到从前了"[Fillion, 2009, p. 291]。

这起事件之后，在血友病患者和医生之间进行了"重新职业安排"，这项工作并不是任意而为的。据费利永介绍，这项工作的管理表现了当代整体医学的某些变化，也正是这个原因，可以通过血友病这一特殊案例（尽管具有其特殊性）来重新了解当代医学的发展。首先是传统临床治疗的衰退，也就是说，以治疗医师个人的权威、道德和科学知识为基础的医学传统的衰退，而有利于验证医学的兴起——换句话说，依靠系统化程序，既可以调解伦理问题又便于实践的医学，结束了患者与医生之间的某种代理关系，患者越来越直接地介入医学科学问题当中，越来越多地要求医学科学解释，并试图参与讨论。血液感染事件不是这一切变化的缘由，但是，感染这一事件却"加快"了这些变化的发展[Fillion, 2009, p. 297]。这一事件之后，关于医学批评工作原则在这个领域内部取得了合法性——这也许可以与"社会"（从实用主义社会学这个词所代表的独特含义讲）变得越来越具有批判性这种思想有关。这并不意味批评工作（无论是血友病这种情况还是其他情况）涉及所有人，也不意味着所有人在"物质、象征性、心理和认知"方面的代价都是平等的，而仅仅是说，从此以后，权威和信任是以批判能力的实施为基础建立起来的[Fillion, 2009, p. 300]。

读者如果想了解依照实用主义社会学原则展开的其他关于医疗卫生问题的相关研究，可以参阅尼古拉·杜迪耶［Dodier, 1993；2003］、米歇尔·卡隆和沃洛洛娜·拉贝哈利索亚［Callon & Rabeharisoa, 1999b］、珍妮娜·巴博特［Barbot, 2002］以及玛德琳娜·阿克里奇等人［Akrich *et al.*, 2008］的著作。

艺术与文化

艺术社会学习惯上是在突破作品内在分析的过程中确定自己的研究方法，这种社会学对作品内在分析的自然主义提出批评。因此，针对那些认为著名的艺术作品拥有某种超越时间的力量，正是这种力量使其获得欣赏的人，社会学家努力证明，这种欣赏实际上源于社会关系组织——比如，艺术作品市场的发展，艺术领域的自主化，制定艺术标准，掌握这些标准成为社会荣誉的关键，等等。对那些所谓的普世艺术天才作品的欣赏，归根到底也只是"社会结构"而已。然而，实用主义社会学关注反还原论原则，展开另一个方向的考察，因为尽管对某些作品的兴趣爱好不能归于作品内在固有的特性，但这种爱好也不能全部归于普遍的社会机制（正是通过这些机制作品才成为社会差异的关键因素）。实用主义社会学家认为，脱离作品的变化去考察兴趣的变化是完全不可能的。错误的做法是当人们在讨论一件艺术品的"接受"情况时，将两者分离，更甚至将两者对立起来，从而让人觉得，对艺术作品的占有和使用没有改变艺术作品。

这就是约尔-马里·富盖和安托尼·汉宁研究的视角。他们以巴赫的作品为基础，考察法国十九世纪产生的与音乐之间的新的关系方式［Fauquet & Hennion, 2000］。这种新的关系符合人们所说的"业余身份"，但两位学者指出，这里的业余爱好者不是指"职业音乐家可怜的模仿者"，而是指"越来越自主地发展对音乐的兴趣，从中寻找独特的美学或肉体乐趣的人"［Fauquet & Hennion, 2000, p. 196］。根据能力原则，这个意义上的业余身份首先应该具有一定的能力，具有懂得欣赏和分析音乐的能力，与此相关，还要具有懂得让音乐具有现代性意义的能力，即使人们优先考虑音乐的历史问题。

约尔-马里·富盖和安托尼·汉宁以巴赫研究为

第四章 研究领域

出发点,从其作品开始展开对音乐批评家、音乐教师以及受教育的公众人员的细致的调查研究,对大部分职业钢琴家——他们是首批"巴赫使用者"——来说,这是一个组合领域,然而就是这样一个领域为我们今天所熟知的音乐爱好者体系的建立做出了很大贡献。正如作者所说,这项音乐的"音乐化过程"体现了根本的组织和物质维度特征,要求我们分析产生"音乐中介"的机制变化[Hennion,1993]。这些机制——包括音乐会、业余者的乐谱、沙龙里放置的汇编和安排以及业余者的培训、评论杂志以及进入二十世纪以后的录音——包括很多元素,都有可能成为让人喜欢巴赫音乐的新方式,有助于人们完成业余身份的转变。在这里,这种意外的巧合并没有被视为一种机制,而是根据抵抗原则,被持续地视为一种检验。

与此同时,由于巴赫音乐作品的使用者的介入,由此产生了另一种新的音乐关系。这种关系不断地改变"他"的音乐,不仅以不同的方式来阐释和表现音乐,而且还改变了已有曲目的音域,引起乐器、声音、节奏、分句法、重音甚至音符的变化!对那些认为巴赫的作品在它们被"发现"之前就具有很强的统一性和纯正性的人来说,这一"纯化"过程依然难以描述。关于这一点,富盖和汉宁坚持内部主义原则,因为他们没有用巴赫的规定来反对十九世纪的行动者,对他们来说,巴赫的规定属于外部观念。因此,他们更加关注那个时期对巴赫音乐的改编、重写、转译和集成,但这些没有让崇拜巴赫的德国音乐家感到震惊。关于这一问题,富盖和汉宁所坚持的"方法原则"是"在一定时期内,真正运用巴赫音乐的只有巴赫自己"[Fauquet & Hennion, 2000, p. 28]。在这里,再一次证明,实用主义社会学想要体现的是它对反身性原则的关注,因为社会学家的作用不是付出旺盛的精力去寻找隐藏在对巴赫崇拜背后的那个最初的"巴赫"——这是二十世纪末巴洛克复兴时期的一种努力——而是理解其起源,并分析其影响。因此,在"将历史性需求历史化"[Fauquet & Hennion, 2000, p. 25],从中发现业余身份体系的基本特征时,社会学家提出了为这种体系去自然化的方法,尤其是与以"不可靠的"方式喜爱巴赫(或者其他大家)的批评保持距离的方法。

读者如果想了解依照实用主义社会学原则展开的其他关于艺术和文化问题的相关研究，可以参阅纳塔莉·海因里希［Heinich, 1991；2009］、安托尼·汉宁［Hennion, 1993；Dubuisson & Hennion, 1996］以及夏娃·希亚佩洛［Chiapello, 1998］的著作。

大众传媒

很多轻视大众传媒的人认为，他们已经在资本主义思想中找到了解释这一领域运作的钥匙。有时，传媒社会学学者发现自己不得不加入这种分析当中去。人们开始从媒介活动转向商品价值评估，因为大众传媒从业人员的最终目标只是销售报纸，或者骗取空闲大脑的时间，而他们企业的生产组织，归根到底，完全受制于经济收益的制约。根据反还原论的原则，实用主义社会学并不满足于这种方法。它认为，只要人们还没有意识到，经济推理本身无法解释媒体运作，也无法使其具有可预测性，那就很难理解经济推理对生产以及信息传播机制产生的影响。如果存在资本主义对传媒活动的控制的话,那么这一控制就不能脱离相关态度和思想意识来分析,因为在媒体活动当中,相关态度和思想意识抵制资本主义控制,为这些领域的从业人员(同时也包括他们的公众)提供支持,强调指出单纯追求经济利润的强烈愿望。

埃马纽埃尔·凯苏曾对数字时代个人信息使用情况做过研究[Kessous, 2012]。正是这种反还原论和多元性的态度体现了他的研究方法特征。正如凯苏在其著作中所说,互联网这一新媒体的出现不仅提供了大量的服务、信息(往往是自媒体信息)和知识,同时也使公众对这些财富接受的思想模式变得普遍化。这种思想逻辑一开始是通过搜索引擎和信息门户产生的,如今开始延伸到互联网上大部分内容和服务中,使关注点或焦点成为这一领域中价值的主要来源。凯苏想要证明的是,这种价值应该被视为经济价值。这是他在讨论"焦点经济"(économie de l'attention)兴起时试图证明的。而所谓的"焦点经济",其最重要的数据就是关于人的数

第四章 研究领域

据,是那些勾勒人的行为、破译他们的使用和意图的数据。但是,这种经济不应该被简化成单一经济维度的内容,因为其特征是在商品价值和自我实现之间产生一种新的衔接。总之,正是这种双重导向使行动者找到投资其中的动力。

为了完成这一论证,埃马纽埃尔·凯苏表现出内部主义思想。他首先跟踪并观察学者间的讨论和争议。在最近几年,这些讨论使焦点管理成为互联网新贸易模式的中心,或者从法律角度保证个人数据的开放和分享,并承认可以放弃以前规定所要求的保护,因为这种保护在公共生活(经济供应领域)和私人生活(消费和使用领域)之间建立了一道严密的边界。在讨论当中,个人的自我实现理想模式在支持互联网向焦点经济转变的观点方面起了重要作用。另外,"隐私的悖论"也得以阐释清楚。根据这些内容,那些对政府有可能侵犯公共自由的做法持明显警惕态度的人,在当保护私人生活原则允许他们接受企业提供的服务时,他们会自愿放弃这种保护原则。

其次,凯苏还调查了使用者,询问他们具体使用方式。其中大部分人由于收入微薄,选择转向这种新的焦点经济,尤其是通过互联网购买和交换商品和服务。埃马纽埃尔·凯苏借用《论辩护》[Boltanski & Thévenot, 1991]的概念框架,试图通过他自己所说的"焦点城邦"来阐述人们实际行动中遇到的局限性。在这一点上,最近关于经济管理的讨论试图联合互联网上的社会媒体、焦点资源和个人数据,思考它们能够为某种公共利益形式提供什么贡献。虽然对那些预算拮据的网民的行为调查反映了他们渴望在"城邦"中"变强大"的欲望,也就是说渴望通过焦点和他们在网络中引起的交流取得某种形式的认可,但这项研究同时也反映了"贫困转移"的压力,这种压力阻碍了发展,最终限制价值量原则中真正能够超越经济价值的焦点城邦的出现。这样一来,对分析所描绘的大众传媒,就产生完全另外一种批判方式:对机制的"内部"批判,而不是使它们完全失去信誉的批评。

读者如果想了解依照实用主义社会学反还原论原则展开的其他关于大众传媒方面的研究,可以参阅西里尔·勒米厄[Lemieux, 2000]、西尔万·帕拉兹［Parasie, 2010］以及多米尼克·卡尔顿和让-菲利普·厄尔廷［Cardon & Heurtin, 2016］的著作。

第五章 争议

我们在前几章里陆续介绍了实用主义社会学的概貌，这一概貌不应该被视为一种死的、无生机的状态。相反，我们应该将其想象成活的、有生命的肖像，它是在无休止的研究争论运动中产生的，自始至终都受那些不一定有答案的问题所激励。本书最后一章正是希望建构起这种鲜活的但不确定的特征，同时简单地指出自实用主义社会学出现以来产生的一些争论。这些争论有来自外部的，是一些还未认清自己在这门社会学原则中的位置的研究者提出的反对意见；也有来自内部的，是对这些相同原则的不同阐释和冷静的思考。

· 第五章　争议 ·

社会不平等性

实用主义社会学有时被指忽略了社会不平等的存在，至少没有赋予社会不平等性一种可以解释的可预测的功能。这种指责不是全无道理的。但是，也许应该限定其确切的范围。实际上，实用主义社会学家之所以对一上来就用不平等问题来理解社会主题——无论是什么问题——持保留意见，那是因为正如我们在第三章提到的，技术手段的首要任务（TTP）优先于技术手段的次要任务（TTS）。我们还记得这条主导方针：每当研究者急于解释一个社会现实，或者让其具有可预测性，或对此予以评论，为此采用"社会不平等性"的模式（或者其他模式）时，他们有可能既无法准确描写这一现实，也就是说将其与某一相对不确定的过程联系起来，又无法了解其具体的行动逻辑——尤其不了解有助于限制不平等差距的这些思想逻辑的行为。需要强调的是，从这一角度看，能力和对称性原则在实用主义社会学家看来起到了关键作用，因为这些原则在调查工作中更能帮助他们遵循技术手段首要任务的优先权。实际上，因为这些原则一方面禁止预先判定行动者缺乏能力，另一方面禁止推定在他们之间存在不对称性，因此，它没有给研究者留下任何可能的选择，除非试图描写这样的能力缺乏或者"正在解散"的不对称性，同时关注行动者自己阐释这些突然发生的现象的思想逻辑。

对实用主义社会学的指责，认为它忽视了不平等问题，如果考虑它如何推动实施技术首要条件任务的话，那么这种指责没有任何意义。但如果考虑完成技术手段次要任务的方式的话，那么这也许倒是有一定的道理。当然，这门社会学试图描述和理解的是社会实践——尤其是统计人员的工作——因为在我们的社会中，社会不平等性正是通过社会实践具体表现出来的 [Desrosières & Thévenot, 1988; Didier, 2009]。但是这样一来，实用主义社会学自己就无法借用社会不平等模式来解释、预测和批评社会世界。然而，从理论层面说，这对它并没有产生任何影响，因此也保留了技术手段次要任务的技术附属性，同样，也继续遵循社会学的实用主义方法的整个基本原则。总之,我们可以认为,在这一方面所做的努力会让我们很快发现实用主义社会学在不平等问题上所承载的新的潜力(关于这一点,参阅 Kessous,2012)。

统治与暴力

有时人们会说,实用主义社会学低估了统治和暴力这些现象的存在。根据不同的研究视角,我们对这种抱怨会有不同的理解:一方面是卡隆和拉图尔的科学技术人类学,另一方面是波尔坦斯基和泰弗诺的批判社会学。对于前者来说,即使统治的问题依然存在,我们也可以注意到,人们从来没有从道德的角度提出这个问题,而是从严格意义上的政治角度提出的。实际上,它的方法并不是揭发,比如女性是男性统治的受害者,或者年轻移民尤其容易遭受法兰西共和国机构的象征性暴力的伤害,而是试图说明如何能够减弱男女之间规定上的不对称,或者减轻对年轻移民的伤害。在这里——与那种通过对不公平和苦难进行道德揭露而从事的悲怆感人的社会学研究相反——我们采用的是政治行为社会学框架，考察人类集体自我转变能力。可以说，这种方法完全是乐观主义方法。然而，事实却并非如此，比如人们很快会说，它否认了苦难和不公平的存在。总之，它只关注一件事，即限制和弥补苦难与不公平的方式。

波尔坦斯基和泰弗诺的方法有所不同，在于它依靠的是一种"政治道德"社会学——正如这两位学者在二十世纪八十年代创立的实验室的名字所示。从他们的方法来看，拉图尔和卡隆的观点没有充分遵循反身性原则，因为尽管后者希望表现绝对的政治性，但他们的观念中还包含了（因为没有别的办法）他们不愿意承认的道德方法的内容：比如，应该以什么样的名义反对施加于动物身上的暴力，或者减轻法国监狱中囚禁的犯人的穷困？波尔坦斯基和泰弗诺的研究从我们现行的多元—批判社会中抽离出正义的含义并将其形式化，试图理解并解释为什么有些行为，而不是另外一些行为在这些社会里能够理所应当地被揭露为不公正的行为。也就是说明，无论行为者或者社会科学研究者的行为如何，

· 第五章　争议 ·

对不公正行为的谴责都不是一种任意的表达，相反，是一种可以在某一社会特有的关于正义的共识中找到其基础的行为。

然而，将两种思潮特有的方法结合起来的是他们都遵循反本质主义原则，由此拒绝将统治关系自然化和不可逆转化。同时他们遵循反还原论原则，使他们无法只从暴力和统治这一个维度——关于这一点，人们认为在行动者身上主要表现为无意识——分析社会生活。面对这些原则还留有让人怀疑的地方，也许应该期望实用主义社会学来解决，因为这门社会学不会无视暴力和统治的问题，它会就这些主题提出新的方法，它不会简化方法的创新性，相反，它会投入更多的精力强化方法的创新性并付诸实践。

无意识

实用主义社会学可能会高估了社会世界的透明度。换句话说，它可能会自然而然地产生这样的思想，即行动者对自己行为的含义会有一种清新明确的意识，他们没有忽略促使他们行动的力量。我们还记得，在他们的《社会学家的职业》那部著作中，皮埃尔·布尔迪厄、让-克洛德·尚博勒东和让-克洛德·帕斯隆等人曾强调过他们所说的"无意识原则"，也就是强调了社会世界除了本身不透明之外代表了一切这一事实［Bourdieu *et al.*, 1968］。他们认为，知识分子对透明度和直接意识的幻想会让人忘记莱布尼茨所说的"我们四分之三的行动都是经验性的"，也就是说，我们的行为是借助日常习惯和反射做出的，我们从未对此进行思考。

实用主义社会学是否忽略了这一点？没有。但是，正如我们在第二章解释的那样，实用主义社会学的中心概念，即"检验"的概念使它拒绝将实践定义为反身性的反面。实用主义社会学摒弃一切将行为机械化的企图，它所维护的"实践"（*praxis*）的观念建立在互动（无论是与他者的互动还是与环境的互动）一定会产生最低限度的反身性的思想上。我们还要补充一点是，这一行动理论与反本质主义原则相结合，从而产生一种反身性社会生产的程序视角——比如，"上升为普遍性"的概念所表达的。

通过这种方式，它让我们考虑，尽管存在一些情景和机制可以引导行动者提升反身性，但同时也存在另外一些情景和机制并没产生任何促进作用，因此会出现仅表现最低限度的反思。另外，这一观念并不排斥认为无论在什么情况下，包括最具有反思性的情景，行动和判断都有一部分是无意识的［Lemieux，2009］。

从各个方面来看，行为观念其实并没有违背布尔迪厄、尚博勒东和帕斯隆等人极为重视的无意识原则。然而，这种观念的确想赋予这一原则不再是绝对的，但是渐进的、相对的含义。另外，这一点对思考社会学批判任务的方法方式会产生一定影响：社会学家将行动者的无意识视为整体，他们很容易自称对社会世界有绝对的清醒的认识，并自我承担起在同胞当中激起关于"意识到"这一问题的任务——然而，如果相关行动者真的局限于无意识的关系当中的话，那么人们很难发现到底是谁激起了"意识"问题。但是，当行动者的无意识被定义为某种可能发生变化的现象时，一方面，它不再与它所区别的人相联系，而是与促进它发展或者弱化其发展的情景和机制相联系；另一方面，也可以设想一种政治行为，它能够在一个道德理想的特定社会中，提升那些能够促进集体反思的机制地位和情境作用。这些机制，对社会学本身来说，它那时也会意识到，自己也是这些机制的一部分。

相对主义

实用主义社会学是相对主义吗？有时人们会这样指责实用主义社会学。当然，这样一种不满可能针对整个社会科学。比如一些政治人士指责某些研究者借用"社会学托词"意欲将某些犯罪相对化。我们承认这一点，因为相对主义是社会科学思想的合法构成，我们很难承认某项希望为这些科学做出贡献但却从来没有经历过相对主义考验的研究工作的科学性。总之，在这一方面针对实用主义社会学的批判带有某些特殊性。这一特殊性似乎与这门社会学区别于其他很多分支，而自认处于对称和内部主义原则基础上这一事实有关。正是这个原因促使社会学家要求，相信所有受过教育的人的信仰和理性,尽管他们有时被认为"非理性的"或者缺乏最基本的科学基础[Lagrange,2012]。这也促使他们在面对某些共同体法律或者道德反对的行为,或者更为令人愤慨的,那些研究群体所处的与社会正义理想和平等背道而驰的行为时,会采取一种理解性的态度(韦伯思想意义上的理解态度)。因此,实用主义社会学在表现对称性和内部主义时,会在社会科学内部强化构成社会科学的相对主义必要性。

实用主义社会学是否仅限于此?这种思想可能会轻视两种在这种情况下具有决定性作用的原则。第一个原则就是我们前面所说的抵抗原则。它会让人认真对待某些现实,比如,当人们将棉树(cotonnier)的根和茎叶放入碎木机里时,或者运输时,根与茎的运转可能会不一样;又或者棉树的茎与人们设想的不一样,突然间不知什么原因,在投入碎木机的过程中突然就变成粉末了[Akrich,1989]。这是科学技术人类学的一个例子,这一学科以相对主义而著称。这个例子让我们思考,检验这个概念如何制约了相对主义。从抵抗原则角度来理解这个概念时,这个概念实际上迫使研究者考虑经验如何约束分类和判断［Lemieux, 2012］。

在这一点上,第二个原则起到重要作用:这就是反还原论原则,至少从波尔坦斯基和泰弗诺的批判社会学的角度来理解是如此。实际上,从具有主导作用的力量和利益关系角度将某个社会现行的正义含义视为不可还原的,最后只能承认,证据的论证和行政约束力,无论其实践模式如何,总会在同一个社会中,在公众表达方面产生一些抱怨和批判。由于这些限制,不是所有叙述都具有同样的机会,能够在公开的情景下被认为是正义或是正确的。这就是反相对主义的第二种制约性,最好将其与实用主义社会学中那些能够强调存在某种将同一群体成员联系在一起的互助行为的概念结合起来,比如语法规则和社会这些概念。

无历史主义

无历史主义也许可以被视为对相对主义指责的一种对称性指责。其实,从很多方面看,它代表一种不够相对主义的指责。也许正是由于这个原因,

第五章 争议

它很少涉及科学与技术人类学。因此,正如人们在拉图尔关于巴斯德变革研究中所看到的那样,对异质力量的结合和社会技术网络的分析一下子就完整地呈现出历时性[Latour, 1984;Fauquet & Hennion, 2000]。在这种方法中,除了历史的视角,再没有其他任何视角,历史占据了所有位置。另外,这种激进性有时会让历史学家感到震惊。这是一段不断被去自然化的历史,因为它被设想为每时每刻都是"正在解散"的状态。

在《论辩护》[Boltanski & Thévenot, 1991]的研究中,情景完全不同。作者认为在我们的社会中存在一些城邦,这些城邦具有某种确定的形式,这种思想可能需要分析某种去历史化的方面。总而言之,就是自然主义方面的东西——其中一定表现了结构主义遗留下来的思想。自《论辩护》这部著作出版以来,关于这个主题不断有问题提出:这些城邦是如何产生的,谁创造了这些城邦?作者早在书中指出,应该视这些城邦为历史现实——如果采用作者的表述,即"社会性地构建"。以此,作者提前回答了这些问题。如果试图给出相反的解释,这也许从事实上就会与反本质主义产生断裂。而这一点也暗示了《论辩护》模式的人类学局限性,因为它只想描写我们这个多元—批判社会特有的正义含义。从某些角度看,阐明其他社会(没有那么多元性,也没有那么批判性)中关于正义的含义或许有用,但这些还需要通过观察研究进一步确认。

即使城邦是历史的产物,它依然是某种特殊类型的产物,因为可以产生新的城邦——正如波尔坦斯基和夏培罗所指出在二十世纪九十年代之交"规划城邦"的出现一样［Boltanski & Chiapello, 1999］。我们可以想象,从长远来说,这些城邦中有些城邦的社会影响会减弱,最终退出历史舞台,除非这些城邦在行动过程中会再次进行协商。只有开辟一条和解的道路,才可以重新协商它们在现实情景中的应用或可应用性。然而,构成这些城邦的公理体系和高等原则无论如何依然保留某种无法触知的特征。或者确切地说,只要行动者开始触及这些城邦,那就是他们正在创造一个新的城邦。正是城邦的这种不可触及性最终使《论辩护》的模式遭到本质主义的批判。需要指出的是,源自卡隆—拉图尔思想的

第五章 争议

研究之所以没有遇到这个问题,那是因为他们仅希望以力量检验的思想为基础掌握社会秩序的转变,因此没必要考虑理想模式在社会生活中起到的作用——这是城邦本身的概念所承担的任务。在这种关系下,那些感觉需要在他们的分析中赋予集体理想这个问题一定位置的实用主义社会学家,才会首先受到无历史主义的批判。但是,这种批判对他们却是有用的,因为它提醒这些社会学家存在一种社会学特有的要求,即当人们想要阐释作为社会经验的超验性时,永远不要离开社会历史关系这个庞大背景。

结 论

尽管实用主义社会学为社会科学的整体运动带来具有影响的新事物,但我们必须指出,实用主义社会学兴起三十多年来,人们对这门学科的讨论依然有限。不熟悉这门学科的研究者往往采取规避这一学科对他们的调查方法和推理方式提出的质疑。面对这一"新"社会学——正如我们在第一章介绍的那样,如果我们考虑这门学科有很多与传统思想相联系的基点的话,这也不是一门全新的学科——的出现,我们很容易接收到类似于不理解、偏见以及偏向模糊学术对立(比如主观主义/客观主义)的态度。由于缺乏严肃认真的讨论,反过来限制了检

· 结 论 ·

测实用主义社会学中提出的涉及方法论、理论以及概念问题。

本书的唯一目的就是能够引起以前没有予以重视的讨论。当然,我们没有必要赞同实用主义社会学的原则!但是,从那些拒绝(全部拒绝或者部分拒绝)实用主义社会学原则的人身上,如果他们是职业社会学家的话,至少我们希望他们能够在正式了解这些原则之后来论证他们拒绝的理由,或者能够阐明他们的假设。正是在这个意义上,对实用主义社会学局限性的思考将有助于那些接受其他社会学观念的人,促使他们阐明这些观念,或者是,促使他们将这些观念去自然化。至于那些自称"实用主义社会学家"的研究者,我们希望在这本书中,这种诉求包含某些限制性要求,其中首要的就应该是对实用主义社会学有所意识。这里,显然我们的方法会被人批评,因为自认为"实用主义"社会学家,他们的视野在前面我们书中所述的兴趣中没有表现或者很少表现。他们也许会对我们规定的原则提出异议,因为根据这些原则,我们排除了一些研究。另外,在这些最终使我们做出总结的原则中,重要的是经验—概念论原则,正是由于这一原则,才使我们避免将实用主义社会学与所谓的"实用主义"的哲学方法相混淆。而且,可能出现的这种异议应该被视为有益的,因为它可能为我们提供讨论的机会。直到今天,这些讨论都没有发生,它也可能帮助那些反对的人和被反对的人澄清一些事情。从这个意义上说,本书的目的并不是要规定什么才应该是实用主义社会学的定义,而是想提出一些建议,可以同时让那些应用和不应用实用主义社会学的人更好地理解这门社会学在做什么,以及考虑这门学科在调查工作和对社会世界可能采取的政治行为方面能够产生的影响。

这也就是说,我们不是从学理上构想实用主义社会学。实际上——但是,只要社会学思想还没有由于理论应用而被去自然化的话,那么这种意见就可能适用于所有社会学思想——这门社会学不可能归结为某一话语体系,因为它属于实践范畴[Barthe et al., 2013]。我们不可能通过某一封闭的公理体系来介绍这门社会学,按照它的原则,它应该被视为一门依然而且一直"正在构建"的社会学,一项

· 结　论 ·

"在进行中"的集体工作,随时准备"自我颠覆"(这是阿尔伯特·赫尔曼极为重视的概念)。这也是为什么,甚至到目前为止,在这门学科当中还会出现新的方向,在遵循——这是其最基本的关键所在——基本原则的基础上,引导这门学科走向明显不同的立场和观点。其中一些学者研究的方向试图重新将这门社会学与结构主义传统结合起来(吕克·波尔坦斯基);另外一些方向假设在现代社会中不同真理制度共存,并以此为基础进一步推进多元化原则(布鲁诺·拉图尔);还有一些学者强调实用主义社会学与哲学实用主义的比较,甚至融合(安托尼·汉宁);另外还有学者以实用主义社会学的原则为基础,提出集体异议和诉讼的发展基础(弗朗西斯·沙托雷诺)、机制发展社会学基础(尼古拉·杜迪耶)或者通过价值分析社会作用的基础(纳塔莉·海因里希)。最后,某些新的发展方向与集体合作的愿望相符:这也证明为什么2013年在法国社会科学高等研究院(EHESS)创立了跨学科反思研究所(LIER),这个研究所如今吸收了如雅尼克·巴特、爱德华·盖戴拉、西米尔·勒米厄、多米尼克·林哈尔德、塞德里克·莫罗·德·拜兰、卡特琳娜·雷米以及达尼·特罗姆等学者。这个新研究中心的目标在于对实用主义社会学的方法展开双重思考：一方面，提升实用主义社会学的历史意义，重新提出关于现代社会特殊性——"批判—多元主义"社会思想已经开始掌握这一特殊性——这一问题，这是社会学这一学科的基础问题；另一方面，关注分析促进或阻碍集体反身性发展的社会结构和机制。总之，现代性的特殊性和反身性的社会生产，这两个问题是紧密相联的。将这两个问题放在同一个变化中进行思考，可以比较实用主义社会学和涂尔干社会学传统。因为这两种思想，尽管存在分歧，但至少存在一种共同特征，使其与其他学派明显区分开。这一共同特征就是，它们都试图将行动者的道德理想主义视为一种社会事实，而没有将其还原成策略行为或者将其视为一种简单的文化因素。在这种反还原论原则中，我们看到了实用主义社会学最宝贵的基础研究所遗留下来的思想，这也是它持续发展壮大的源泉。

参考文献

以下参考文献中带有#号的作品不属于实用主义社会学范畴,但却为这门学科提供了思想来源,包括在某些情况参与对实用主义社会学的批判。

Akrich M. [1989], «La construction d'un système socio-technique», *Anthropologie et Sociétés*, vol. 13, n° 2, p. 31 –51.

Akrich M. *et al.* [2008], *The Dynamics of Patient Organizations*, Paris, Presses des Mines.

Barbot J. [2002], *Les Malades en mouvements*, Paris, Balland.

Barthe Y. [2006], *Le Pouvoir d'indécision*, Paris, Economica.

— [2017], *Les Retombées du passé*, Paris, Seuil.

Barthe Y. *et al.* [2013], «Sociologie pragmatique: mode d'emploi», *Politix*, n° 103, p. 175–204.

Becker H. S. [1963], *Outsiders*, New York, The Free Press of Glencoe (trad. fr. Paris, Métailié, 1985). #

Berger P. L. et Luckmann T. [1966], *The Social Construction of Reality*, New York, Penguin Books (trad. fr. *La Construction sociale de la réalité*, Paris, Méridiens Klincksieck, 1986). #

Bessy C. et Chateauraynaud F. [1995], *Experts et Faussaires*, Paris, Métailié.

Bidet A. [2011], *L'Engagement dans le travail*, Paris, PUF.

Boltanski L. [1982], *Les Cadres*, Paris, Minuit.

— [1984], «La dénonciation», *Actes de la recherche en sciences sociales*, n° 51, p. 3–40.

— [1990], *L'Amour et la justice comme compétences*, Paris, Métailié.

— [2004], *La Condition fœtale*, Paris, Gallimard.

Boltanski L. et Chiapello E. [1999], *Le Nouvel Esprit du capitalisme*, Paris, Gallimard.

Boltanski L. et Thévenot L. (dir.) [1989], *Justice et justesse dans le travail*, Paris, PUF.

— [1991], *De la justification*, Paris, Gallimard.

Boltanski L. *et al.* [2007], *Scandales, affaires et grandes causes*, Paris, Stock.

Bourdieu P. [1980], *Le Sens pratique*, Paris, Minuit. #

Bourdieu P., Chamboredon J.-C. et Passeron J.-C. [1968], *Le Métier de sociologue*, La Haye, Mouton. #

Breviglieri M., Lafaye C. et Trom D. (dir.) [2009], *Compétences critiques et sens de la justice*, Paris, Economica.

Cailleé A. [1989], *Critique de la raison utilitaire*, Paris, La Découverte. #

Callon M. [1986], «Éléments pour une sociologie de la traduction», *L'Année sociologique*, n° 36, p. 170 – 208.

— (dir.) [1998], *Laws of the Markets*, Londres, Wiley-Blackwell.

— [2013], *Sociologie des agencements marchands*, Paris, Presses des Mines.

— [2017], *L'Emprise des marchés*, Paris, La Découverte.

Callon M., Lascoumes P. et Barthe Y. [2001], *Agir dans un monde incertain*, Paris, Seuil.

Callon M. et Rabeharisoa V. [1999a], «La leçon d'humanité de Gino», *Réseaux*, vol. 17, n° 95, p. 197 – 233.

— [1999b], *Le Pouvoir des malades*, Paris, Presses des Mines.

Cardon D. et Heurtin J.-P. [2016], *Chorégraphier la générosité*, Paris, Economica.

Cefaï D. et Gardella E. [2011], *L'Urgence sociale en action*, Paris, La Découverte.

Chateauraynaud F. [1991], *La Faute professionnelle*, Paris, Métailié.

— [2003], *Prospéro*, Paris, Éditions du CNRS.

Chateauraynaud F. et Torny D. [1999], *Les Sombres Précurseurs*, Paris, Éditions de l'EHESS.

Chiapello E. [1998], *Artistes versus Managers*, Paris, Métailié.

Claverie E. [2003], *Les Guerres de la Vierge*, Paris, Gallimard.

Colin Lebedev A. [2013], *Le Cœur politique des mères*, Paris, Éditions de l'EHESS.

Datchary C. [2011], *La Dispersion au travail*, Toulouse, Octarès.

Derouet J.-L. [1992], *École et Justice*, Paris, Métailié.

Desrosières A. et Thévenot L. [1988], *Les Catégories socioprofessionnelles*, Paris, La Découverte, «Repèr».

Didier E. [2009], *En quoi consiste l'Amérique?* Paris, La Découverte.

Dodier N. [1993], *L'Expertise médicale*, Paris, Métailié.

— [1995], *Les Hommes et les Machines*, Paris, Métailié.

— [2003], *Leçons politiques de l'épidémie de sida*, Paris, Éditions de l'EHESS.

Dubuisson S. et Hennion A. [1996], *Le Design. L'objet dans l'usage*, Paris, Presses des Mines.

Duret P. et Trabal P. [2001], *Le Sport et ses affaires*, Paris, Métailié.

Durkheim E. [1893], *De la division du travail social*, Paris, Félix Alcan (Paris, PUF, 2007). #

— [1895], *Les Règles de la méthode sociologique*, Paris, Félix Alcan (Paris, PUF, 2013). #

— [1950], *Leçons de sociologie*, Paris, PUF (réédition 2015). #

Eymard-Duvernay F. et Marchal E. [1997], *Façons de recruter*, Paris, Métailié.

Fauquet J.-M. et Hennion A. [2000], *La Grandeur de Bach*, Paris, Fayard.

Fillion E. [2009], *À l'épreuve du sang contaminé*, Paris, Éditions de l'EHESS.

Foucault M. [1975], *Surveiller et Punir*, Paris, Gallimard. #

Garfinkel H. [1956], «Conditions of successful degradation ceremonies», *American Journal of Sociology*, vol. 61, n° 5, p. 420 – 424.

— [1967], *Studies in Ethno-methodology*, Englewoods Cliffs, Prentice-Hall (trad. fr. *Recherches en ethnométhodologie*, Paris, PUF, 2007).

Garnier P. [1995], *Ce dont les enfants sont capables*, Paris, Métailié.

Goffman E. [1959], *The Presentation of Self in Everyday Life*, New York, Anchor Books (trad. fr. *La Mise en scène de la vie quotidienne*, Paris, Minuit, 1973).

— [1961], *Asylums*, New York, Anchor Books (trad. fr. *Asiles*, Paris, Minuit, 1968).

— [1974], *Frame Analysis*, New York, Harper & Row (trad. fr. *Les Cadres de l'expérience*, Paris, Minuit, 1991).

Greimas A. [1966], *Sémantique structurale*, Paris, Larousse.

Grignon C. et Passeron J.-C. [1989], *Le Savant et le Populaire*, Paris, Seuil.

Heinich N. [1991], *La Gloire de Van Gogh*, Paris, Minuit.

— [1995], «Les colonnes de Buren au Palais-Royal. Ethnographie d'une affaire», *Ethnologie française*, vol. 25, n° 4, p. 525 – 541.

— [2009], *La Fabrique du patrimoine*, Paris, Éditions de la MSH.

Hennion A. [1993], *La Passion musicale*, Paris, Métailié.

Héran F. [1984], «L'assise statistique de la sociologie», *Économie et Statistique*, vol. 168, n° 1, p. 23 – 35. #

Heurtin J. -P. [1999], *L'Espace public parlementaire*, Paris, PUF.

Hirschman A. [1977], *The Passions and the Interests*, Princeton, Princeton University Press (trad. fr. *Les Passions et les Intérêts*, Paris, PUF, 1980). #

— [1991], *The Rhetoric of Reaction*, Cambridge, Harvard University Press (trad. fr. *Deux Siècles de rhétorique réactionnaire*, Paris, Fayard, 1995). #

Jouzel J. -N. [2012], *Des toxiques invisibles*, Paris, Éditions de l'EHESS.

Kessous E. [2012], *L'Attention au monde*, Paris, Armand Colin.

Laffont L. [à paraître], *La Culture en situations*, Paris, Economica.

Lagneau E. [2010], «Une fausse information en quête d'auteur», *in* Lemieux C. (dir.), *La Subjectivité journalistique*, Paris, Éditions de l'EHESS, p. 47 – 65.

Lagrange P. [2012], «Pourquoi les croyances n'intéressent-elles les anthropologues qu'au-delà de deux cents kilomètres?», *Politix*, n° 100, p. 201 – 220.

Lamont M. et Thévenot L. (dir.) [2000], *Rethinking Comparative Cultural Sociology*, Cambridge, Cambridge University Press.

Latour B. [1984], *Les Microbes*, Paris, Métailié.

— [1987], *Science in Action*, Cambridge, Harvard University Press (trad. fr. *La Science en action*, Paris, La Découverte, 1989).

— [1992], *Aramis ou l'amour des techniques*, Paris, La Découverte.

— [1993], *La Clef de Berlin*, Paris, La Découverte.

— [2002], *La Fabrique du droit*, Paris, La Découverte.

— [2005], *Re-assembling the Social*, Oxford, Oxford University Press (trad. fr. *Changer de société, refaire de la sociologie*, Paris, La Découverte, 2006).

Lazarus J. [2012], *L'Épreuve de l'argent*, Paris, Calmann-Lévy.

Lemieux C. [2000], *Mauvaise Presse*, Paris, Métailié.

— [2009], *Le Devoir et la Grâce*, Paris, Economica.

— [2012], «Peut-on ne pas être constructiviste?», *Politix*, n° 100, p. 169-187.

Lemoine B. [2016], *L'Ordre de la dette*, Paris, La Découverte.

Linhardt D. [2012], «Épreuves d'État. Une variation sur la définition wébérienne de l'État», *Quaderni*, n° 78, p. 5-22.

Linshan H. et Thireau I. [2010], *Les Ruses de la démocratie*, Paris, Seuil.

Mauss M. [1950], *Sociologie et Anthropologie*, Paris, PUF. #

Moreau de Bellaing C. [2016], *Force publique*, Paris, Economica.

Muniesa F. [2014], *The Provoked Economy*, Londres, Routledge.

Parasie S. [2010], *Et maintenant, une page de pub*! Paris, INA Éditions.

Passeron J.-C. [1991], *Le Raisonnement sociologique*, Paris, Nathan. #

Pestre D. [2006], *Introduction aux Science Studies*, Paris, La Découverte, «Repères».

Piette A. [1999], *La Religion de près*, Paris, Métailié.

Rémy C. [2009], *La Fin des bêtes*, Paris, Economica.

Schütz A. [1971], *Collected Papers*, La Haye, Martinus Nijhoff (trad. fr. partielle *Le Chercheur et le*

Quotidien, Paris, Méridiens Klincksieck, 1987). #

Simmel G. [1908], *Soziologie*, Berlin, Duncker & Humblot, chapitre IV (trad. fr. *Le Conflit*, Paris, Circé, 1995). #

Strauss A. [1959], *Mirrors and Masks*, New York, Transaction Publishers (trad. fr. *Miroirs et Masques*, Paris, Métailié, 1992). #

Thévenot L. [2006], *L'Action au pluriel*, Paris, La Découverte.

Thomas W. et Znaniecki F. [1918 – 1920], *The Polish Peasant in Europe and America*, 5 vol., Chicago, University of Chicago Press (trad. fr. partielle *Le Paysan polonaise en Europe et en Amérique*, Paris, Nathan, 1998). #

Weber M. [1922], *Wirtschaft und Gesellschaft*, Tübingen, Mohr (trad. fr. *Économie et Société*, Paris, Pocket, 1995). #